대전환의 시대

트럼프 2기 혼란 속 글로벌 경제 전망

대전환의 시대

트럼프 2기 혼란 속 글로벌 경제 전망

—

2025년 4월 22일 1판 1쇄 인쇄
2025년 4월 28일 1판 1쇄 발행

—

지은이 박상현·박승진·한지영·박상준·권애리
펴낸이 이상훈
펴낸곳 책밥
주소 11901 경기도 구리시 갈매중앙로 190 휴밸나인 A-6001호
전화 번호 031-529-6707
팩스 번호 031-571-6702
홈페이지 www.bookisbab.co.kr
등록 2007.1.31. 제313-2007-126호

—

기획 권경자
디자인 디자인허브

—

ISBN 979-11-93049-64-8(03320)
정가 20,000원

책밥은 (주)오렌지페이퍼의 출판 브랜드입니다.

대전환의 시대

시대

트럼프 2기 (혼란 속) 글로벌 경제 전망

박상현·박승진·한지영·박상준·권애리 지음

지축이 흔들리는 대전환의 시대,
반보 앞서 걸어야 할 필요에 대하여

"세계화는 끝났다." 트럼프 2기 정부가 전 세계를 향해 '상호관세 폭탄'을 투하한 날, 경제 기사들을 뒤덮었던 단언입니다. '세계화'라는 판을 짜고 그 안에서 대장 노릇을 해온 미국이 이제 새 판을 짜려고 합니다. 자유무역이 더 이상 미국의 패권을 효과적으로 떠받쳐주는 질서가 아니라는 게 동시대 미국의 판단으로 보입니다. 중국의 WTO 가입을 허용하는 것으로 2000년대를 연 미국이 이제는 너무 커버린 중국을 경계하며 세계를 몇몇 조각으로 쪼개고 있습니다.

자유무역 질서와 별개로 미국이 친 대형사고였던 2008년 금융위기 이후 미국의 나라 빚은 엄청난 속도로 증가했습니다. 미국은 코로나19 대유행 위기도 달러를 사실상 일정 기간 무제한으로 찍어내다시피 함으로써 넘기는 길을 택했습니다. 이후 나타난 10여 년 만의 인플레이션은 금리를 급등시켜 급한 불을 껐습니다. 일련의 과정에서 미국의 장부에 적힌 재정적자와 이자는 무서운 속도로 불어났습니다. 이제 미국은 세계를 향해 이 '빚잔치'를 같이 해달라고 요구하고 있습니다. 상호관세는 각국과의 협상이 뒤따르고 있지만, 근본적으로 미국의 방향성이 달라지고 있다는 견해가 점점 더 힘을 얻고 있습니다. 현대 경제학의 탄생 이후 우리가 교과서에서 배워온 상식까지 파괴하면서 판을 갈아치우는 방향으로 동시대를 주도해 온 미국이라는 나라가 나아가고 있는 것입니다. '지.각.변.동.'이라는 말 외에는 이 상황을 달리 설명할 방법이 없어 보입니다.

미국이 주도한 자유무역 질서의 최우등생이었던 한국 입장에서는 더욱 당황스럽습니다. 우리나라는 자유무역이라는 게임의 법칙 속에서 전 지구를 시장으로 삼을 수 있는 성실한 사람들이 유형자산이라고는 아무것도 물려받은 바 없이 어디까지 번영하고 발전할 수 있는가를 세상에 입증한 모델 국가입니다. 그런 한국이, 수출 중심의 제조업 경제가 달려온 바탕이, 훼손되고 있습니다. 그 어느 때보다도 우리가 정신을 똑바로 차리고 새 판의 대응 전략을 짜야 하는 시기인 것입니다.

이런 가운데 AI 발전이 본격적인 궤도에 오르면서 4차 산업혁명도 드디어 구체적인 모양새를 갖추기 시작했습니다. "이제 미국은 민주주의가 아니라 데이터 서버로 세계 패권을 유지할 것"이라는 분석까지 나옵니다. PC가, 아이폰이 우리의 삶을 얼마나 극적으로 변화시켰는지는 설명이 따로 필요치 않을 것입니다. 그런데 그 'PC 모먼트', '아이폰 모먼트'보다도 더욱 결정적으로 인류의 생활방식을 바꿀 기술이 지금 우리 삶에 침투하고 있습니다. AI의 발전 속도에 대해서는 여러 의견들이 있습니다. 하지만 'AI 경쟁에서 밀리면 끝'이라는 명제에는 이견이 없습니다. 한국은 AI 생태계에서 어떻게든 대체하기 어려운 위치를 점해야만, 세계 경제 질서가 새롭게 짜이고 있는 지금의 이 판에서 그나마 기회를 찾을 수 있을 것입니다. 개인은 AI를 활용할 줄 아는 삶에 적응해야 하고, 투자자들은 AI 판의 승자들이 거머쥐게 될 막대한 부를 조금이라도 더 효과적으로 나눠 가질 방법을 찾아야 할 때입니다.

저는 2010년 경제부 기자로 첫걸음을 뗐습니다. 전 세계가 금융위기 충격에서 벗어나기 시작한 즈음이었고, 2007년 등장한 아이폰이 3년의 시차를 두고 한국에 공식 도입된 바로 그 시기였습니다. 아이폰이 이미 나라 밖 세상을 한참 바꾸고 나서 국내에 진출한 뒤에야 우리 기업들도 비로소 본격적인 스마트폰 경쟁에 뛰어들었습니다. 저는 '본격적인 한국 스마트폰'의 탄생을 취재 현장에서 지켜볼 수 있었습니다. '스마트 모바일 기기라는 게 엄청난 물건이구나'라는 것을 스스로 절감함과 동시에, 이 경쟁에 제대로 대응하지 못한 세계적인 기술 기업들이 줄줄이 생존 위협을 겪는 과정을 그대로 목도했습니다. 공룡 같은 기업들이 그로부터 불과 몇 달 지나지 않아 위기에 봉착하는 모습을 보면서 큰 충격을 받았던 것이죠. 변화에 적응하지 못한 공룡은 생각보다 빠르게 도태한다는 것을 실시간으로 확인하던 일이 기자로서 제 경제 공부의 출발점이었습니다.

그로부터 15년이 흐른 지금, 2010년 그때보다 어쩌면 더 거대한 해일이 밀려오고 있다는 느낌을 받습니다. 금융위기가 우리가 아는 세상에 영원히 남을 단층을 냈듯이, 도널드 트럼프라는 인물로 대표되는 지금의 미국이 우리가 경험하지 못한 지점으로 좌충우돌 달려가고 있습니다. 세상이 아이폰 모먼트 이전으로 돌아갈 수 없듯이 인류는 AI 이전의 삶을 그리기 어려울 미래로 질주하고 있습니다. 거대 기술 기업이든 한 사람의 근로자나 투자자든 이 지각 변동에 제대로 적응해야 합니다. 아니, 어쩌면 그것으로는 부족합니다. 돌아가는 상황보다 적어도 반보 앞서 이 판을 조망할 수 있어야 합니다.

《대전환의 시대: 트럼프 2기 혼란 속 글로벌 경제 전망》은 SBS의 뉴미디어 국제경제 라이브 프로그램 〈권애리의 모닝라이브〉에 참여하고 있는 각계 패널들과 기자가 함께 집필한 책입니다. 매일 아침 미국 증시를 바탕으로 한 국제경제 상황을 생방송으로 전하는 데서 한 걸음 더 나아가 방송에서 미처 공유하지 못한 자료와 분석을 성실하게 담았습니다. 바

로 '지금. 여기.'에서 가장 치열하게 국제경제를 지켜보고 있는 국내 전문
가들이 몽땅 털어 넣은 책이라는 것을 자신 있게 약속드릴 수 있습니다.
현대인으로서, 투자자로서, 시민으로서 서 있는 지축이 흔들리고 있는 이
시기를 딱 반보 앞서 헤쳐 나가는 데 조금이라도 길잡이가 될 수 있기를
바랍니다.

2025년 4월
권애리 기자

PART 2
금융과 투자 측면에서 보는 글로벌 경제 전망 _박승진 하나증권 해외주식분석실장

PART 3
변화의 중심에 있는 글로벌 주식시장 _한지영 키움증권 책임연구원

PART 4
트럼프 2기, 주목해야 할 글로벌 산업 투자 가이드 _박상준 CMS증권 이사

PART
1

트럼프 2기,
급변하는 글로벌 경제

박상현

iM증권 전문위원

코로나19 팬데믹을 거치면서 글로벌 경제는 이전에는 경험하기 힘든 변화를 겪고 있는 중입니다. 무엇보다 새로운 기술혁신 사이클과 중국 과잉 리스크로 인해 글로벌 경제는 공존보다 '오징어 게임'과 같은 극단적 생존 게임을 선택할 수밖에 없는 환경에 내몰리고 있습니다. 이러한 상황에서 2025년 글로벌 경제에 트럼프 2.0 포비아마저 엄습하고 있습니다.

이에 PART 1에서는 2025년 글로벌 경제 및 산업 패러다임 변화와 관련된 이슈를 살펴보고 트럼프 2기가 미국을 비롯해 중국 및 한국 경제에 미칠 영향을 조망했습니다. 마지막으로 글로벌 환경 변화 속에서 2025년 이후 글로벌 금융시장 흐름의 특징과 투자 전략을 고민했습니다. 변화를 거부하거나 위험을 회피하기보다 변화를 통해 위험을 극복하는 지혜가 절실히 요구되는 시기입니다.

2025년
이미 전쟁은 시작되고 있다

코로나19 팬데믹 이후 글로벌 경제,
공존보다 승자독식 게임이 대세

코로나19 팬데믹 이후 사회 및 경제적 변화에 대한 기대감도 컸지만 글로벌 경제는 본격적인 저성장 국면에 진입하는 동시에 수십 년간 경험하지 못했던 경제 및 산업 패러다임의 전환을 경험하고 있습니다. 이러한 경제 및 산업 패러다임의 변화 속에서 미국 경제가 자국 우선주의(미국의 민족주의, 일방주의, 보호주의 및 고립주의를 강조하는 대외 정책)와 기술혁신 사이클 주도를 통해 변화의 과실을 모두 독차지하는 승자독식 현상이 연출되고 있습니다. 과거와 달리 미국 연방준비제도(Fed, 이하 연준)의 공격적인 금리인상에도 불구하고 미국 경제가 금리인상에 대한 충격을 흡수하고 굳건한 성장을 유지할 수 있는 원천은 바로 미국 경제 예외주의 현상 때문입니다.

반면 미국을 제외한 대부분 국가의 경제는 정체 혹은 침체 리스크에 직면하고 있습니다. 대표적으로 중국은 경기침체와 물가 둔화 현상이 동반되는 디플레이션 리스크에 직면했습니다. 중국의 과도한 성장 전략이 잉태한 후유증이지만 그 후유증은 공교롭게도 팬데믹과 이후의 산업 패러다임 변화 과정에서 더욱 두드러지게 표출되고 있습니다.

유럽 역시 사실상 정체 현상을 보여주고 있습니다. 유럽 경제를 대표하는 독일 경제는 심각한 제조업 경기부진으로 몸살을 앓고 있습니다. 이러한 독일 경제의 저성장은 몇 년째 지속되고 있는 러시아-우크라이나 전쟁 장기화 여파도 무시할 수 없지만 독일 경제와 산업이 팬데믹 이후 거센 패러다임의 변화 추세를 제대로 읽지 못한 채 뒤처지고 있기 때문입니다.

우리나라 역시 예외는 아닙니다. 2025년 들어 주식시장이 다소 체력을 회복하고 있지만 2024년 한 해 경험했던 글로벌 경제와 증시 흐름을 제대로 따라가지 못하는 국내 경제와 증시의 '외톨이 현상'은 해소되지 못하고 있는 것이 사실입니다. 전 세계적인 AI 사이클 붐으로 국내 반도체 업종이 수혜를 받을 것으로 기대했지만 결과는 기술혁신 경쟁에서 밀려나면서 2024년 국내 증시는 주요국 중 유일하게 뒷걸음질 쳤습니다. 반면 우리나라와 비슷하게 소외되던 중화권 증시는 딥시크를 기반으로 중국이 AI 사이클의 새로운 강자로 부상하면서 또 다른 전환점을 맞이하고 있습니다. AI 산업을 포함한 IT 산업에서 중국의 거센 추격이 현실화되고 있습니다. 이를 두고 일부에서는 중국의 기술 산업 발전을 빗대어 '메이드 인 차이나(Made in China)'가 아닌 '차이나 메이드

IT(China made IT)'라는 표현으로 중국을 설명하기 시작했습니다.

국내 증시가 글로벌 증시 흐름을 한두 해 따라가지 못하는 것이 문제가 아닙니다. 급변하는 대내외 여건 변화를 고려하면 국내 경제가 자칫 장기 저성장 국면에 진입할 수 있고 증시 역시 상당기간 박스권에 갇힐 위험이 커졌습니다. 제대로 된 처방이 없다면 어느 순간 피크 코리아(Peak Korea, 경제 성장이 정점을 찍고 내리막길로 접어들었음을 표현하는 용어) 우려가 예상보다 빨리 현실화될 수 있습니다.

팬데믹 이후 급변하고 있는 글로벌 경제 환경은 공존보다 갈등, 더 나아가 전쟁으로 표현할 정도로 치열한 각자도생의 길을 걷고 있습니다. 이러한 분위기는 실제 전쟁으로도 나타나고 있습니다. 미-중 패권 갈등, 러시아-우크라이나 전쟁, 이스라엘-하마스 전쟁을 포함한 중동의 불안정 그리고 물가 전쟁 등 기존에는 간간히 드러났던 갈등 및 전쟁이 이제는 보편화되었습니다.

문제는 앞으로도 새롭고 다양한 형태의 전쟁 불씨가 이미 타오르고 있다는 점입니다. 대표적으로 트럼프 대통령 당선으로 다시 시작된 트럼프 2기는 글로벌 경제, 산업 그리고 사회 전반에 걸쳐 또 다른 전쟁을 촉발시킬 여지가 커 보입니다.

2025년 또 다른 전쟁, 관세 전쟁이 시작된다

트럼프 대통령 2.0 포비아(Phobia, 공포)가 이미 글로벌 경제에 엄습했습니다. 트럼프는 관세를 마치 마법의 칼처럼 활용하고 있습니다. "관세는 세상에서 가장 아름다운 단어"라고 표현한 트럼프는 집권 1기보다 강력한 관세 정책을 추진할 것을 강조하고 있습니다. 관세라는 마법의 칼을 중국에만 겨누는 것이 아니라 전 세계를 향하고 있습니다. 물론 트럼프 2기 관세 정책을 두고 전망은 엇갈립니다. 소위 '파괴적 관세' 정책을 추진해야 한다는 주장과 '협상용 관세' 정책이 필요하다는 주장이 공존하고 있습니다.

파괴적 관세 정책은 대중국 강경론자를 중심으로 관세를 단순히 협상을 위한 압박 수단이 아니라 미국 무역수지 적자를 축소시키거나 글로벌 기업의 미국 내 생산기지 구축을 위한 적극적인 정책 수단으로 활용해야 한다는 입장입니다. 여기에는 세계화 및 중국의 등장으로 미국 제조업이 붕괴하고 무역수지 적자 규모가 천문학적으로 급증하고 있다는 뿌리 깊은 피해 의식이 작용하고 있습니다. 특히 중국이 WTO(세계무역기구) 가입 이후 글로벌 제조업 비중을 높여가면서 미국 중산층이 무너졌다는 견해를 바탕으로 중국 제품에 대한 고율 관세 등 보호주의를 강화해야 한다는 주장이 트럼프 내각의 주된 기류입니다. 참고로 중국이 WTO에 가입하기 전 16년 동안 미국의 실질 중위가구소득(2019년 달러 기준)은 1984년 53,337달러에서 2000년 63,292달러로 증가했지만, 이후 매년 실질 소득증가율이 하락해 2016년에는 63,683달러로 사실상 소득이 정체되었다며 강력한 관세 정책 필요성을 주장하고 있습니다.[1]

트럼프 2기의 관세 정책이 협상용 관세 정책으로 추진될지는 불투명

---

1   로버트 라이트하이저 지음, 이현정 옮김, 《자유무역이라는 환상: 트럼프 행정부, 무역전쟁의 서막》, 마르코폴로, 2024년.

합니다. 집권 1기 당시의 경험과 이번 임기가 단임(4년)이라는 점을 고려하면 '협상용 관세' 정책만으로 그칠 수 없습니다. 임기 동안 무역수지 적자 해소를 위해서는 취임 초기부터 파괴적 관세 정책을 적극적으로 추진할 수밖에 없습니다. 관련하여 〈뉴욕타임스〉는 트럼프 1기에는 관세 부과보다 법인세 인하 등 공화당의 전통적인 가치에 무게를 둔 반면, 트럼프 2기는 완전히 새로운 경제 정책을 세우고 있다고 평가했습니다. 트럼프가 무역수지 적자 축소를 위해 관세를 통한 더 강력한 보호무역주의를 추구할 것이라는 것입니다.[2] 실제로 트럼프 2기 정부는 관세, 비관세장벽, 환율 조작, 보조금 정책 등을 종합적으로 고려한 상호관세 조치를 시행할 계획입니다.

관세에 대한 미국 내 반대 여론도 집권 1기보다는 약화된 분위기입니다. 미국 대선 직전의 여론조사 결과지만 유권자의 56%가 '모든 수입품에 10% 관세와 중국에서 수입하는 제품에 60% 관세를 주장하는 후보를 지지할 가능성이 더 크다'고 답한 바 있습니다.[3] 또한 지난 2024년 11월 대선에서 예상을 깨고 스윙 스테이트(Swing State, 미국 대선에서 특정 정당이 압도적인 지지를 얻지 못한 주)에서 트럼프가 전승을 거둔 이유 역시 트럼프의 관세 정책 등에 대한 유권자의 지지가 있었기 때문으로 판단됩니다.

실제 트럼프 대통령이 예상 밖의 고율 상호관세 시행을 발표하면서 미국 경제와 금융시장은 물론 글로벌 금융시장이 극심하게 요동치고

---

2   〈한국일보〉, 2024년 11월 12일자 기사 참조.
3   〈KBS 뉴스〉, 2024년 9월 15일자 기사 참조.

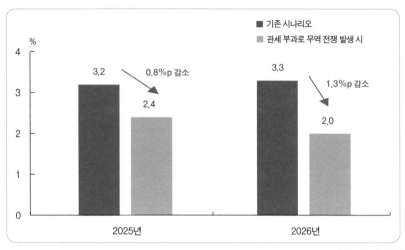

그림 1 IMF의 전 세계 성장률 전망: 관세 부과에 따른 무역 전쟁 시 글로벌 경기 예상 추이

■ 기존 시나리오
■ 관세 부과로 무역 전쟁 발생 시

%

3.2 →0.8%p 감소

2.4

3.3 →1.3%p 감소

2.0

2025년 2026년

출처: IMF, iM증권

있습니다. 당장 미국이 고율 관세를 시행하면서 중국은 트럼프 1기 당시와 달리 맞대응에 나서고 있습니다. 이는 글로벌 교역 규모의 축소로 나타날 것이 자명합니다. 국제통화기금(IMF)은 트럼프 2기의 관세 정책이 현실화된다면 글로벌 GDP 규모가 2025년과 2026년 각각 0.8%p, 1.3%p 둔화할 것으로 예상했습니다. 가뜩이나 고물가·고금리 영향과 각종 전쟁 여파로 글로벌 교역 사이클 회복이 더디고 글로벌 제조업 경기가 장기 부진에 빠진 상황에서 미국의 파괴적 관세 정책이 촉발된다면 글로벌 경제는 크게 휘청일 것입니다.

| 더욱 치열해질 환율 전쟁

2025년 4월 초 트럼프 대통령의 상호관세발 충격으로 달러화 가치가 하락하기 전까지 2024년 9월부터 시작된 미국 연준의 금리인하 사이클에도 불구하고 달러화 강세 기조는 유지된 바 있습니다. 특이한 것은 달러 가치가 상승했지만 금 가격도 사상 최고치를 경신 중이며 트럼프 대통령 공식 취임 이후 조정을 받고 있는 비트코인 가격 역시 강세 기조를 아직까지 유지하고 있습니다. 미국 연준의 금리인하 사이클을 고려하면 달러 강세 현상이 한풀 꺾여야 하지만 달러화 강세 현상이 이어졌고, 이 와중에 달러 대체 자산인 금과 비트코인 등도 동반 강세를 보이고 있습니다. 이러한 현상을 과연 무엇으로 설명할 수 있을까요?

그 해답은 트럼프 2기에 있습니다. 트럼프 관세 정책의 두려움으로 글로벌 자금의 달러 자산 선호 현상이 더욱 강화되고 있기 때문입니다. 트럼프 2기 정부의 각종 정책은 일단 미국 경제 예외주의 현상을 심화시킬 가능성이 높습니다. 일시적으로 미국 경제 호황 혹은 예외주의 현상이 주춤해질 수는 있지만 미국 경제를 구조적으로 넘어설 수 있는 경제는 사실상 없습니다. 물이 높은 곳에서 낮은 곳으로 흘러가듯 돈은 높은 수익률이 예상되는 자산으로 흘러갑니다. 지금도 그렇지만 트럼프 2기에 가장 안전하고 수익률이 높을 자산은 달러가 될 가능성이 높습니다.

달러화 강세 현상이 이어지면 반대편에 있는 주요국 통화는 당연히 약세를 보일 것입니다. 그러나 여기서 간과하지 말아야 할 것이 있습니다. 한국을 위시해 유럽연합, 일본 및 중국 등 주요국이 관세 충격을 상쇄시키기 위해 경쟁적으로 자국 통화가치 약세 정책을 추진할 수 있다는 사실입니다. 대표적으로 중국 제품에 대한 60%의 고율 관세가 적용된다면 중국은 대폭적인 위안화 가치 절하를 단행할 가능성이 큽니다.

통화가치 절하는 관세 충격을 완충시킬 좋은 수단 중 하나입니다. 물론 위안화 가치의 대폭적인 절하가 중국 내수 경기에는 부담을 줄 여지는 있지만 디플레이션, 즉 물가 하락 현상에 노출되어 있는 중국 경제 입장에서는 위안화 약세가 물가를 자극할 수 있는 좋은 방안입니다. 심각한 디플레이션에 시달렸던 일본이 돈 풀기와 슈퍼 엔저를 통해 디플레이션 현상을 극복하기 시작한 것에 유념할 필요가 있습니다. 특히 중국은 대미 수출 활로가 막힐 수 있음을 간파하고 이머징(신흥국)시장을 중심으로 수출지역을 다변화하고 있습니다. 따라서 위안화 절하를 통한 중국 제품의 저가 수출 전략이 관세 충격을 회피하는 동시에 이머징 시장의 점유율을 높일 수 있습니다. 중국뿐만 아니라 유럽연합 및 일본도 통화가치 절하 전쟁에 적극적으로 참여할 것이 예상된다는 점에서 2025년 글로벌 환율 전쟁은 더욱 격화할 수 있습니다.

기축통화[4]인 달러화에 대한 도전을 미국 아니 트럼프가 용인하지 않을 가능성이 크다는 점도 달러화 가치가 큰 폭으로 하락하지 않도록 하는 이유입니다. 일례로 러시아와 중국은 브릭스(BRICS, 브라질, 러시아, 인도, 중국, 남아프리카공화국의 영문 앞 글자를 따서 붙인 이름) 블록을 통해 탈달러화 움직임을 보인 바 있습니다. 전 세계 GDP의 약 24.5%(2023년 기준)를 차지하는 브릭스가 달러 대신 대체 통화를 통한 결제 시스템 구축 방안을 논의한 바 있었습니다. 이러한 움직임에 대해 트럼프는 달러 패

---

4   국제 외환시장에서 금융거래 또는 국제결제의 중심이 되는 통화로 달러화가 대표적인 기축통화다.

권에 도전하면 100% 관세를 부과할 것이라고 경고에 나섰습니다. 미국 경제의 근간인 달러 체제를 흔드는 움직임에 대해 단호하게 대응하겠다는 의지를 보인 것입니다. 이와 같은 트럼프의 경고에도 불구하고 앞으로 중국과 러시아를 중심으로 한 탈달러화 움직임은 더욱 거세질 것입니다.

여러 이유가 있겠지만 달러화는 트럼프 대통령 등 미국의 강한 의지에도 불구하고 치명적인 취약점을 노출하고 있습니다. 대표적인 이유는 미국 정부의 부채 규모 확대입니다. 미국 정부 부채 규모가 만성적인 재정수지 적자 등으로 인해 GDP 대비 100%에 육박하고 있고, 이러한 추세는 향후 더욱 가속화될 전망입니다. 지금이야 미국 경제가 양호한 흐름을 유지하고 있어 달러에 대한 신뢰도가 높지만 향후 미국 경제가 흔들린다면 달러화의 위상이 지금처럼 유지될 것이라고 확신하기 어렵습니다. 이에 따라 달러 강세에도 불구하고 금 가격도 강한 상승을 유지하고 있고 디지털 금으로 각광받고 있는 비트코인에 대한 기대감도 유지되고 있습니다. 특히 트럼프가 비트코인에 대해 긍정적인 입장으로 선회한 배경에는 중장기적으로 비트코인을 전략자산화하여 달러화의 기축통화 위상을 유지하기 위한 포석이 있지 않은가 하는 추측도 확산되고 있습니다.

그렇다면 트럼프는 왜 갑자기 비트코인을 옹호하게 된 것일까요? 정확한 이유를 찾기 어렵지만 비트코인 정책연구소(Bitcoin Policy Institute)의 분석에 따르면 첫째, 디지털 산업에서 글로벌 주도권을 유지하기 위해서라는 해석입니다. 디지털 무역이 본격화될 경우 글로벌 금융 표준을 미국이 마련하기 위함입니다.

둘째, 35조 달러에 이르는 미국 정부 부채 해결 차원입니다. 비트코인 자산가치 상승을 통해 부채 상환의 수익원을 마련하려는 의도로 지적되고 있습니다.

마지막으로 달러 패권 유지 차원입니다. 스테이블코인[5]의 98%가 달러 표시입니다. 반면 달러 패권에 강력한 도전자인 중국의 경우 체제 성격상 익명성의 스테이블코인을 도입하기 어려워 향후 달러 패권을 유지하는 데 도움이 될 여지가 큽니다.

그럼 트럼프는 비트코인의 전략자산화를 어떻게 추진하고자 하는 것일까요?

우선 미국의 전략자산이란 통화당국이 무역 불균형이나 환율 변동에 대응하기 위해 전략적으로 보유하는 자산을 의미합니다. 현재 미국의 전략자산으로는 금, 외화인출권 및 원유 등이 있습니다. 2024년 7월 트럼프가 대통령 후보 시절 비트코인을 국가 전략 비축 자산(Strategic National Bitcoin Stockpile)으로 보유할 수 있다고 말한 바 있습니다. 전통적으로 금 보유가 금융 안보와 달러 패권의 중심이 된 것처럼 비트코인을 전략자산으로 비축하겠다는 생각입니다. 물론 이러한 생각이 실천으로 이어질지는 미지수입니다. 그럼에도 불구하고 비트코인 전략자산화를 주목하는 이유는 달러 패권과 관련한 커다란 패러다임이 변화할 수 있다는 점 때문입니다. 또 다른 측면에서 미국이 달러 패권을 유지

---

5   스테이블코인(Stablecoin)은 달러화 등 기존 화폐에 고정 가치로 발행되는 암호화폐를 말한다.

트럼프 "가상화폐, 달러 지배력을 확대하는 데 도움될 것"

트럼프는 3월 20일(현지시간) 미국 뉴욕에서 열린 가상화폐 컨퍼런스에 송신한 화상 연설에서 "가상화폐 산업은 폭발적인 경제 성장을 유도하고 미국 달러의 지배력을 확대하는 데 도움이 될 것"이라며 "여러분과 같은 개척자들은 은행 및 지급 체계를 개선하고 미국 소비자와 기업 모두를 위해 더 큰 개인 정보 보호와 안전, 보안, 부를 증진할 수 있을 것"이라고 말했다.

그러면서 이 같은 일을 가능하게 하기 위해 "달러를 담보로 한 스테이블코인을 활용하겠다"고 강조했다.

트럼프는 앞서 그가 행정명령을 내린 가상화폐 전략 비축에 관해선 "보유 자산을 장기적 가치의 일부에 불과한 금액으로 어리석게 매도하는 대신 (비축함으로써) 그 가치를 극대화할 수 있다"고 주장했다.

출처: 〈연합인포맥스〉, 2025년 3월 21일자 참조

그림2 달러 강세 속 금과 비트코인 가격의 동반 상승

출처: 블룸버그, iM증권

하기 위한 환율 전쟁을 시작했다고 해도 과언이 아닙니다.

트럼프 대통령, 관세와 함께 환율을 무기로 사용할 수 있다

트럼프 대통령 취임과 함께 하향 안정세를 보이던 미국 국채가 상호관세 발표 이후 급등하고 있지만 예상 밖으로 달러화는 약세로 전환되었습니다. 트럼프 관세 정책 불확실성보다 트럼프 대통령의 환율(통화가치) 발언을 외환시장이 더욱 주목하고 있기 때문입니다. 트럼프 대통령은 2025년 3월 3일 백악관 기자단에 "일본 엔화든 위안화든 그들이 통화가치를 낮추면 우리에게 매우 불공정한 불이익을 가져온다"라고 발언했습니다. 아시아 주요 통화 약세 현상에 대한 불편한 심기를 드러낸 것입니다.

트럼프 대통령의 통화 관련 발언에 일본 정부는 민감한 반응을 보였습니다. 가토 가쓰노부 일본 재무상은 "일본은 엔화를 평가절하하는 정책을 추진하지 않을 것"이라고 밝혔고, 정부 대변인인 하야시 요시마사 내각관방 장관도 일본은 통화 약세 정책을 시행하지 않는다고 강조하면서 "환율에 대해서는 가토 재무상과 스콧 베선트(Scott Bessent) 미국 재무부 장관이 계속해서 긴밀하게 논의하고 있다"고 설명함으로써 발빠른 수습에 나섰습니다.

트럼프 대통령의 통화 관련 발언이 일회성에 그치지 않을 수 있음을 시사하는 징후도 여러 곳에서 포착되고 있습니다. 스콧 베선트 장관도 2025년 4월 초 시행된 상호관세 발표를 앞두고 상호관세율과 관련해 관세, 비관세와 함께 환율 조작도 고려 대상임을 밝힌 걸 보면 관세 다음으로 트럼프 정부가 주요 교역대상국, 특히 대미 무역수지 흑자 규모가 큰 국가의 통화가치에 대한 절상 압력을 강화할 공산이 큽니다. 일부에서 제기하듯이 제2의 플라자 합의와 같은 달러화 관련 이벤트가 발생할 가능성도 배제할 수 없습니다.

트럼프 시대 달러 강세 기조가 유지될 것이라는 일반적 전망도 있지만 한편으로 달러 약세 논란이 끊이지 않는 것은 달러화 약세가 관세정책의 연장선일 수 있기 때문입니다. 고율 관세 및 달러화 약세는 트럼프 대통령이 원하는 자국 제조업 기업의 경쟁력 강화와 무역수지 적자 폭 축소에 일정부분 기여할 것입니다. 또한 해외 매출 비중이 높은 미국 기업들의 특성을 고려하면 달러화 약세는 빅테크를 위시한 미국 기업의 이익 증대에도 긍정적인 영향을 줄 수 있습니다.

그럼에도 불구하고 달러화 가치가 급격히 하락할 경우 나타날 부작용 역시 만만치 않아 과연 달러화 약세 정책이 미국 경제와 금융시장에 유리한 정책인지에 대한 의문도 있습니다.

우선 달러화 약세가 급격히 진행될 경우 관세와 더불어 미국 내 수입물가 압력을 높일 수 있음은 자명합니다. 가뜩이나 물가 리스크에 자유롭지 못한 미국 경제 입장에서 달러화 약세 현상의 본격화는 오히려 금융시장과 경기에 독이 될 수 있습니다.

자금이탈 문제도 고민할 부문입니다. 그동안 미국 경제 예외주의와 매그니피센트 7(Magnificent 7, 이하 M7)[6]을 중심으로 한 기술패권 독점으

---

6   뱅크오브아메리카(BofA)의 마이클 하트넷 최고 투자 전략가가 명명한 것으로, 엔비디아, 애플, 마이크로소프트, 메타 플랫폼스, 아마존닷컴, 알파벳, 테슬라가 이에 해당한다.

로 글로벌 자금의 달러 자산 쏠림 현상이 나타났고, 이는 미국 경제 및 주식시장 호황에 중요한 원천으로 작용했습니다. 이러한 상황에서 달러화의 약세 현상이 두드러진다면 글로벌 자금의 탈달러 현상으로 미국 경제와 금융시장에 큰 부담이 될 것입니다. 더욱이 달러화 가치 급락이 미국 국채 매도 압력의 촉매제로 작용한다면 가뜩이나 재정수지 적자 확대 리스크에 노출되어 있는 상황에서 미국 국채 금리 급등으로까지 이어질 가능성도 배제할 수 없습니다. 현상적으로 보면 달러화의 급격한 약세는 미국에 득보다 실이 많아 보입니다.

트럼프 대통령이 달러 약세, 정확하게는 주요국의 통화가치 절상을 요구하는 속내를 정확히 알 수 없지만 관세와 함께 환율(통화가치)을 협상 카드로 사용하기 위함인 것으로 해석됩니다. 일본 정부가 트럼프 대통령의 엔화 관련 발언에 즉각적으로 화답하는 것에서도 보듯이 관세로만 압박할 수 없는 국가에 대해서는 통화가치 절상 압박을 또 다른 협상 수단으로 사용할 여지가 있습니다.

또 하나 생각할 수 있는 시나리오는 주요국 통화에 대한 환율 절상 압력이 미국 국채 매수 압력 수단으로 작용할 가능성입니다. 즉 미국 입장에서는 협상 테이블에서 통화가치 절상 압박을 줄이는 대신에 미국 국채 매입 확대를 요구할 개연성이 있습니다. 미국의 압력으로 통화가치가 급속히 절상될 경우 주요국은 달러 매수 개입을 통해 자국 통화가치 절상 폭을 조절할 수밖에 없습니다. 결국 시장 개입을 통해 늘어난 달러는 자연스럽게 미국 국채시장으로 재유입되는 달러 사이클 흐름도 예상해볼 수 있을 것입니다.

요약하면 트럼프 대통령의 환율 관련 발언 한마디만으로 달러화 약세 혹은 주요국 통화의 절상 압력 확대를 속단하기는 어렵지만 관세 다음으로 환율을 중요한 통상 압박 수단으로 사용할 가능성이 충분히 잠재해 있습니다. 트럼프 대통령이 정말 달러화의 급격한 약세를 원하기보다는 통화가치 절상 압박을 통해 글로벌 자금이 미국으로 재유입되도록 유도할 여지가 커 보입니다.

미국은 전통적으로 달러 강세를 선호합니다. 트럼프 2기 정부 역시 달러화 강세 기조를 급격히 수정하지는 않을 것입니다. 다만 미국의 무역수지 개선과 금융시장 안정 수단 혹은 협상 카드로 달러 약세 정책을 들고 나올 가능성도 있습니다. 이처럼 예측이 쉽지 않은 트럼프 2기 정부의 정책 리스크, 특히 달러 정책이 주식시장은 물론 외환시장에 극심한 변동성을 높일 수 있음을 염두에 두어야 할 것입니다.

│ 마러라고[7] 합의 시나리오

일부 소수의 주장이지만 제2의 플라자 합의, 즉 소위 마러라고 합의(Mar-a-Lago Accord) 시나리오가 거론되고 있습니다. 트럼프 2기 정부가 관세 다음으로 환율 이슈 혹은 통화 절상 압력을 'MAGA(Make America Great Again, 미국을 더욱 위대하게)'의 중요 정책 수단으로 사용할 가능성이 제기되었으며 일부 구체화되고 있는 듯한 뉴스가 나오고 있습니다.

트럼프 2기 정부는 고평가되어 있다고 생각하는 달러화 지수를 1985

---

7   2019년 이후 도널드 트럼프 부부의 거주지로 쓰이고 있는 미국 플로리다 팜비치에 위치한 리조트를 말한다.

년 플라자 합의(1985년 9월 22일)와 같은, 소위 마러라고 합의를 통해 낮출 가능성이 제기되고 있는 것입니다. 참고로 플라자 합의란, 1985년 9월 22일 미국 뉴욕에 있는 플라자 호텔에서 열린 G5 경제선진국(프랑스, 서독, 일본, 미국, 영국) 재무부 장관, 중앙은행 총재들의 모임에서 발표된 환율에 관한 합의입니다. 플라자 합의 이후 독일 마르크와 엔화 가치는 2년 동안 약 50% 이상 절상되었고 달러화 실질 실효환율지수[8]도 고점 대비 약 30% 하락한 바 있습니다.

트럼프 2기 정부가 '제2의 플라자 합의(마러라고 합의)'를 원한다고 해도 당장 현실화되기는 어렵습니다. 과거처럼 외환시장이 정부 통제하에 있지 않아 인위적으로 강력한 평가절상을 추진하기는 어렵습니다. 또한 자본 및 외환시장이 완전히 개방되어 있다는 점에서 플라자 합의와 같은 조치는 급격한 글로벌 자금의 유입 및 유출을 유발시키면서 자칫 통제불가능한 금융위기 혹은 신용 이벤트를 초래할 여지가 있습니다. 미국 입장에서도 달러화 가치가 급격히 하락할 것이 사전에 예고된다면 미국 자산(달러)의 급격한 자금이탈로 주식, 채권시장은 물론 주택시장 등 경제 전반이 극심한 후유증을 겪을 가능성도 잠재해 있습니다.

1985년과 달라진 글로벌 금융시장체제 등을 고려할 때 '제2의 플라자 합의(마러라고 합의)'는 현실성이 낮습니다. 그럼에도 불구하고 '제2의 플라자 합의(마러라고 합의)' 시나리오가 제기되는 배경에는 트럼프 2기

---

8   한 국가의 통화가치가 다른 무역 상대국보다 얼마나 높은지를 나타내는 지표로 단순 환율뿐만 아니라 물가 수준까지 고려해 조정된다. 한 나라의 화폐가 실질적으로 어느 정도의 가격경쟁력이 있는지 파악하는 데 사용되며 2020년 수치를 100으로 해 100보다 높으면 고평가, 낮으면 저평가로 해석한다(출처: 단비뉴스).

정부에서 과거 플라자 합의와는 다른 형태의 합의를 구상하고 있는 듯한 분위기 때문입니다. 역시 일부의 주장이긴 하지만 미국이 100년 무이자 국채를 발행하여 미국 국채를 보유하고 있는 국가들과 이를 교환하는 방식입니다.

100년 동안 무이자로 돈을 차입하겠다는 이 시나리오가 당장 납득하기 어려운 시나리오임은 분명하지만 트럼프 대통령 시대라는 점에서 가능성을 완전히 무시하기도 어렵습니다. 고율 관세 및 안보 우산을 무기로 무이자 100년 국채를 강매할 수 있고 일부 국가의 경우 이를 쉽게 거부하기 어려울 것입니다. 100%는 아니더라도 보유 중인 미국 국채를 무이자 100년 국채로 스왑(차환)하는 거래를 받아들일 수도 있을 것입니다.

현실화 가능성이 낮다고는 하지만 해당 시나리오가 일부라도 실현된다면 미국 재정수지 개선에 큰 기여를 할 것은 분명합니다. 동시에 달러화는 약세를 보이겠지만 플라자 합의와 같이 큰 폭으로 하락하지는 않을 여지가 있습니다.

문제는 해당 시나리오가 미국의 재정부담을 주요 선진국을 위시해 전 세계로 전이시킨다는 의미에서 이를 수용할 경우 일부 국가의 재정 및 외환건전성이 크게 악화될 수 있다는 점입니다. 또한 미국과 첨예한 패권 갈등을 벌이고 있는 중국은 미국 측의 '제2의 플라자 합의(마러라고 합의)' 시나리오를 받아들이지 않을 것입니다. 오히려 중국이 보유하고 있는 미국 국채를 대부분 매도하는 전략을 추진하면서 동시에 위안화의 기축통화 전략을 강화할 수도 있습니다.

현실적으로 '제2의 플라자 합의(마러라고 합의)' 추진 가능성, 특히 100

년 무이자 영구채 발행 시나리오의 현실성은 낮아 보입니다. 그럼에도 불구하고 트럼프 대통령의 예측 불확실성 그리고 차곡차곡 추진되는 트럼프 2기 정부의 재정수지 개선 관련 정책 추진 의지 등을 고려할 때 비현실적인 시나리오로 치부하기도 쉽지 않습니다.

다만 '제2의 플라자 합의(마러라고 합의)' 시나리오의 추진 및 현실성 여부를 떠나 환율 변동성이 확대될 수 있음은 분명 경계해야 합니다. 스콧 베선트 미국 재무부 장관이 시장의 생각과는 달리 트럼프 2기가 강달러 기조를 유지할 것임을 밝히고 있지만 통화가치를 인위적으로 낮추는 환율 조작국에 강력히 대응하겠다는 뜻도 분명히 하고 있습니다. 2025년 4월 상호관세와 환율보고서 발표를 기점으로 미국 측의 강력한 통화 절상 압박이 커질 수 있음을 시사하는 부분입니다. 또한 트럼프 대통령이 100년 무이자 국채 발행을 또 다른 협상 수단으로 사용하면서 통화 절상 압박 혹은 미국 국채 매입을 강력하게 유도하는 전략을 추진할 수 있음도 간과하지 말아야 할 것입니다.

트럼프 시대, 미국의 패권 강화를 위해서는 예측 불가능한 정책 및 비상식적 정책이 언제든지 추진될 수 있음을 염두에 두어야 합니다.

| 끝나지 않은 물가와 금리 전쟁

인플레이션과의 전쟁은 2025년에도 지속될 것입니다. 2022년 6월 미국 소비자물가 상승률이 9.1%까지 치솟으면서 스태그플레이션(고물가와 경기침체가 동반되는 현상) 우려가 커지자 사실상 미국 연준이 인플레이션과의 전쟁을 선언했습니다. 이러한 인플레이션과의 전쟁은 지금까지도 진행 중에 있으며, 미국 연준은 이 전쟁에서의 승리를 선언하지 못하고 있습니다. 물가상승률이 9%대에서 2%대로 낮아졌지만 물가 압력이 언제든지 확대될 수 있다는 잠재적 위험을 내포하고 있기 때문입니다.

무엇보다 트럼프 2기의 정책들은 인플레이션을 재유발시킬 위험이 높습니다. 관세 인상은 당연히 수입 물가를 자극하면서 인플레이션 압력을 높일 여지가 있습니다. 관세 부과로 인한 미국 소비자물가 상승률에 대해 골드만삭스는 1.0%p, JP 모건은 2.4%p 추가로 상승할 수 있다고 예상하고 있습니다.

관세뿐만 아니라 강력한 불법 이민자 추방 등 이민자 규제도 물가 압력을 자극할 변수입니다. 코로나19 팬데믹을 거치면서 미국 노동시장이 심각한 노동공급 부족 문제에 직면하고 있습니다. 미국 노동시장의 큰 비중을 차지하고 있던 베이비 붐 세대[9]가 조기 은퇴를 통해 노동시장에서 이탈하면서 뜻하지 않은 노동공급 부족에 직면한 것입니다. 제롬 파월(Jerome Powell) 연준 의장이 인플레이션 리스크를 언급할 때 빼놓지 않은 것이 노동시장 불균형에 따른 인플레이션 리스크였습니다. 다행히 2024년 들어 노동시장의 수요와 공급이 다소 균형을 찾을 수 있었던 것은 불법 이민자를 포함한 이민자 증가가 큰 역할을 했습니다. 그런데 트럼프 취임 직후부터 불법 이민자 추방을 공언하고 있습니다. 불법 이민자 추방 규모가 어느 수준일지 모르지만 이는 자칫 고용시장

---

9   전쟁 후 또는 혹독한 불경기를 겪은 후 사회적·경제적 안정 속에서 태어난 세대를 지칭하며, 미국의 경우 제2차 세계대전 이후인 1946년부터 1965년 사이에 출생한 세대를 말한다.

의 수급 불균형 현상을 재현함으로써 임금상승률이 높아지는 등 부작용을 초래할 수 있습니다.

불법 이민자 대부분은 저임금 블루칼라 노동자입니다. 그런데 불법 이민자 추방 정책으로 이들이 블루칼라 직종에서 사라질 경우 미국은 심각한 노동력 부족 문제에 직면할 것입니다. 대표적으로 호텔 같은 서비스업종이나 대형 농장에서 근로자를 찾기 힘들 것이고 이는 임금상승률 급등으로 이어질 것입니다.

미국 연준이 인플레이션과의 전쟁에서 승리를 선언하지 못하는 가장 중요한 이유 중 하나는 공격적인 금리인상에도 불구하고 서비스업종의 물가가 크게 둔화되지 못하고 있기 때문입니다. 이런 상황에서 불법 이민자 추방으로 발생할 임금 상승이 또다시 서비스 물가를 자극한다면 미국은 물가 악순환에서 벗어나지 못할 것입니다. 인플레이션 압력이 재확산된다면 금리를 다시 인상할 수밖에 없는 상황에 내몰리게 되는 것입니다.

불법 이민자 추방과 함께 트럼프 대통령은 '출생시민권제도' 폐지를 위한 행정명령에 서명했습니다. 출생시민권제도란, 미국 땅에서 태어날 경우 부모의 체류 신분과 상관없이 시민권을 부여하는 제도입니다. 이 제도의 폐지 목적 역시 불법 이민자를 줄이겠다는 것입니다. 정당한 절차 없이 미국 시민이 되는 것을 막겠다는 광의의 미국 우선주의 정책이라고 할 수 있습니다. 물론 트럼프의 출생시민권제도 폐지가 현실화될지는 불확실해 보입니다. 이는 위헌적 소지가 있다는 비판과 함께 출생지주의 수정을 위해서는 헌법 개정이 필요한 상황이기 때문입니다.

중요한 것은 강력한 불법 이민자 정책으로 인해 인플레이션 전쟁이 다시 확전될 위험이 있다는 것입니다. 2025년에도 인플레이션과의 전쟁이 지속될 수 있습니다.

인플레이션 전쟁은 또 다른 말로 금리 전쟁이 지속될 것임을 의미합니다. 물가 둔화 추세로 미국 연준의 금리인하 사이클이 지속되고 있지만 인플레이션 압력이 암초 역할을 할 여지는 충분합니다. 미국 연준이 2024년 9월부터 금리를 1%p 인하하면서 기준금리가 4.5%까지 하락했지만 시중 금리, 특히 미국 10년 국채 금리 수준은 4% 초중반에서 정체되고 있는데, 그 배경에는 인플레이션에 대한 우려감도 한몫을 하고 있습니다.

인플레이션 전쟁에서 미국 연준의 승리 선언이 지연될수록 기준금리 인하에도 불구하고 금리는 금융시장과 경기에 커다란 부담으로 작용할 수 있습니다. 미국 경제 예외주의 현상이 지속되기 위한 전제 조건 중 하나가 금리 하락 추세임을 고려하면 물가 압력으로 인한 금리 정체 현상은 미국 경제 우선주의를 훼손시킬 수도 있습니다.

결론적으로 2025년 트럼프 2기 정책 추진이 물가 및 금리 전쟁을 다시 격화시킬 수 있음에 주의해야 할 것입니다.

| 바보야, 문제는 10년 국채 금리야!

트럼프 대통령은 예상처럼 매일같이 정책적 발언을 쏟아내면서 금융시장의 변동성과 긴장감을 높이고 있습니다. 한편으로 정책이 갈팡질팡하는 것이 아닌가 하는 오해도 유발하고 있지만 트럼프 대통령 및 트럼프 2기 내각은 나름대로 계획을 가지고 움직이고 있습니다.

트럼프 2기 정부가 최우선으로 추진하고 있는 관세 정책을 비롯해 각종 정책들의 퍼즐을 맞추면 결과적으로 재정수지 개선과 장기 국채 금리 하락에 초점이 맞춰집니다. 관세 정책 실시에 따른 관세 수입 증가, 정부 구조조정, 보조금 폐지 혹은 축소, 경기둔화를 통한 연준의 추가 금리인하 및 양적 긴축 중단 유도 등은 모두 재정수지 개선과 금리 하락 유도로 연결됩니다.

달러 약세 유도 및 가상자산 육성도 국채시장 안정 차원으로 해석해 볼 수 있습니다. 비트코인의 전략 비축 정책의 경우 비트코인을 이용한 국채 상환 가능성도 거론되지만, 달러화에 연동된 스테이블코인을 육성하는 전략도 대두되고 있습니다. 달러 연동 스테이블코인의 경우 기초자산으로 미국 국채 등을 편입하고 있어 스테이블코인시장 확대 시 미국 국채 수요가 증가할 여지가 큽니다. 스콧 베선트 미국 재무부 장관은 트럼프 대통령이 주재한 2025년 3월 7일 〈디지털 자산 서밋〉에서 "우리는 트럼프 대통령이 지시했듯이 미국(달러)이 계속해서 세계의 지배적인 기축통화가 되도록 할 것이며 이를 위해 스테이블코인을 활용할 것"이라고 말한 바 있습니다. 이 밖에 관세 정책은 무역수지 개선과 리쇼어링 정책 강화를 통해 미국 제조업 강화에 기여하는 동시에 조세 수입 증가에도 일정부분 이바지할 것입니다.

그럼 트럼프 2기 정부는 금리와의 전쟁에 나설 수밖에 없는 것일까요? 현재 미국의 재정수지 적자와 정부 부채 규모는 점점 더 감당하기 어려운 수준으로 증가할 수밖에 없어 향후 미국 경제의 안정적 성장 기조를 저해할 위험이 커진 상황입니다. 잘 알고 있듯이 팬데믹을 거치면서 미국의 재정수지 적자 규모가 급격히 커졌고 정부 부채 규모는 2024년 기준 GDP 대비 97.8%로 2~3년 내 GDP 대비 100%를 상회할 것입니다. 무엇보다 금리 상승으로 인해 미국 예산 중 이자 지출이 차지하는 비중은 2024년 기준 약 3.1% 수준에 육박할 것으로 추정되고 있는데, 이는 2023년 기준 방위비 지출 비중 3.0% 수준을 상회하고 있는 것입니다. 문제는 이자 지출 부담이 현재 재정수지와 금리 상황에서는 기하급수적으로 증가할 수밖에 없어 재정 위험을 증폭시키고 미국의 경제 성장 기조를 위협할 수 있다는 점입니다.

따라서 트럼프 2기 정부의 정책은 당초 예상과 달리 주가와 경기보다 국채 금리 하락에 초점을 두고 있습니다. 이러한 정책 추진이 일시

그림 3 미국 예산 중 이자 지출과 방위비 지출 비중 추이

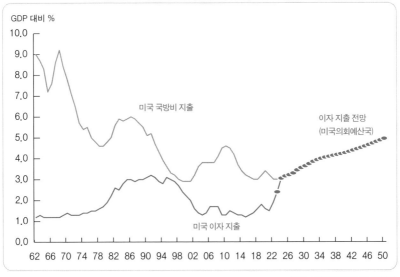

출처: 미국의회예산국, iM증권

적으로 미국 주가와 경기의 조정 리스크로 작용하겠지만 그렇다고 해서 장기 조정 압력으로 확대되지는 않을 것입니다. 재정수지 개선과 금리 하락 유도는 궁극적으로 감세 등 경기부양을 위한 빌드업 과정으로 해석되기 때문입니다. 즉 상반기 중 국채 금리 하락과 재정수지 개선을 위한 빌드업 체제가 마무리될 경우 하반기부터는 감세 등의 본격적인 부양에 나설 것으로 예상합니다.

변수는 역시 물가입니다. 트럼프 정부는 관세가 물가에 제한적인 영향을 미칠 것으로 낙관하고 있지만 이러한 예상과 달리 관세로 인한 물가 압력이 확대된다면 트럼프 2기 정책은 실패 확률이 높기 때문입니다. 관세 정책에 따른 물가 리스크를 극복하고 트럼프 2기 정부가 금리와의 전쟁에서 승리할지 당분간 지켜봐야 할 것입니다. 실제로 상호관세 시행이 오락가락하는 동안 물가 공포가 커지면서 국채 금리가 급등하는 현상이 현실화되었습니다. 트럼프 2기 정부가 이러한 관세 정책에도 불구하고 물가와 금리를 모두 잡을 수 있을지 여부는 금융시장의 흐름에 큰 영향을 미칠 것입니다.

│ 생소하지만 다운사이즈 전쟁도 현실화

다소 생소한 용어인 다운사이즈(Downsize) 전쟁이란 제조업 생산설비 등 생산능력을 축소 혹은 구조조정해야 하는 리스크를 의미합니다. 팬데믹 이후 글로벌 경제에서 나타나고 있는 여러 현상 중 중요한 특징들로는 저성장 흐름 고착화, 미국과 비미국 간 성장 차별화, 정부 부채를 중심으로 한 부채 급증 현상, 제조업 부진의 장기화, 무형자산 중심의 투자 사이클, 기술혁신과 관련된 경쟁적 투자 확대, 구경제 산업은 물론 일부 신경제 산업의 과잉 리스크, 중국 디플레이션 리스크 심화 등이 있습니다.

주요 특징들을 살펴보면 무형자산을 중심으로 한 기술혁신 관련 투자만이 확장 의미를 가지고 있는 반면 나머지 특징 혹은 현상들은 위축과 축소의 의미를 담고 있습니다. 과거에는 미국 경제가 호황이면 글로벌 경제가 더불어 호황을 누리는 구조였지만 이제는 미국과 비미국 경기 간에 뚜렷한 차별화 현상이 두드러지고 있습니다. 더 이상 미국 호황에 따른 자연스러운 낙수효과를 기대하기 어렵게 된 것입니다.

이런 경기 차별화 현상이 강화될 수밖에 없는 가장 큰 원인으로는 일부 산업 분야들이 더 이상 성장할 수 없는 포화 국면에 진입했기 때문입니다. 즉 중국 경제와 산업이 급속히 성장하면서 전 세계 주요 산업의 생산능력은 비약적으로 증가했습니다. 여기에 베트남 및 인도 그리고 중동 국가들마저 구경제 업종(정확한 사전적 의미는 없지만 에너지·자동차·석유화학 등 경기순환 업종을 주로 통칭)에 생산능력을 확충하면서 수요보다 공급 규모가 앞서는 현상이 추세적으로 나타나기 시작했습니다. "공급이 스스로 자신의 수요를 창출한다(Supply creates its own demand)"는 세이의 법칙이 더 이상 적용되지 않는 경제 패러다임으로 변화한 것입니다.

여러 가지 이유가 있겠지만 기대에 못 미치는 중국 내 수요 성장세, 선진국은 물론 중국 등의 급속한 인구 고령화 추세 그리고 미-중 간의 심각한 패권 갈등도 한몫 하고 있다는 판단입니다. 무엇보다 잘 달리고 있던 중국 자전거가 팬데믹이라는 돌뿌리에 걸려 넘어지면서 그동안 숨겨져 있던 고도 성장 부작용의 민낯이 드러나게 된 것도 글로벌 공급 과잉의 주된 요인으로 지적할 수 있습니다. 다시 말해 부채 중심의 성장세가 마침내 큰 고비를 맞게 된 것입니다.

중국은 수년간 글로벌 제조업 공장으로서 막대한 글로벌 자금의 블랙홀 역할을 했지만 중국으로 유입된 자금들은 수익성이 낮은 중국 내 제조업 및 인프라 투자에 사용되었습니다. 세이의 법칙이 작동하기 위해서는 재화의 공급자가 판매에서 얻은 돈을 다른 재화를 구입하는 데 사용해야 하지만 중국은 이 역할을 제대로 수행하지 못했을 뿐만 아니라 글로벌 경제에는 과잉이라는 큰 부담만을 던져준 것입니다. 여기에 그나마 유지되던 중국 내 수요도 부동산발 부채 위기로 위축되면서 글로벌 과잉 리스크를 증폭시키는 결과를 초래했습니다.

중국 내 과잉 리스크는 단순히 구경제 업종에만 그치지 않고 있습니다. 미국과 패권 갈등이 심화되면서 중국도 부가가치 높은 신기술부분에 막대한 투자를 했습니다. 시진핑 국가 주석의 주도하에 소위 '고품질 발전전략(高質量發展, High-Quality Development)'을 강력하게 추진했습니다. 이는 미국의 기술패권에 맞서거나 미국에서 벗어나기 위해 기술자립을 이루고자 하는 중국의 새로운 성장 전략이었지만 전기차, 이차전지, 태양광 등 일부 신산업에서 또 다른 과잉 리스크를 잉태했습니다.

문제는 중국의 과잉은 중국 내의 문제로만 그치지 않는다는 것입니다. 저가 수출을 통해 전 세계로 확산되면서 주요 선진국 제조업 경기가 큰 위험에 직면하고 있습니다. 일례로 중국 저가 전기차 공세로 독일의 대표적 자동차업체인 폭스바겐은 독일 내 3개 공장의 폐쇄를 검토

그림 4 중국 생산자 물가 하락세로 글로벌 제조업 경기부진도 장기화

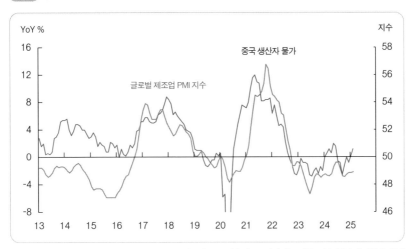

주: 제조업 PMI 지수가 50 이하라는 것은 위축 국면에 있음을 의미
출처: 블룸버그, iM증권

하는 등 대폭적인 구조조정에 나서고 있습니다. 독일뿐만 아니라 일본 내 일부 자동차업체들도 구조조정이 진행 중입니다. 즉 다운사이즈 전쟁이 본격화되고 있는 것입니다.

| 한국도 다운사이즈 전쟁의 주요 참전국이자 피해국

2025년에는 다운사이즈 전쟁이 더욱 가속화될 전망이며 이 전쟁에 우리나라도 예외는 아닙니다. 오히려 우리나라는 다운사이즈 전쟁에 참여할 수밖에 없는 상황입니다. 선진국을 중심으로 한 급속한 인구 고령화에 따른 수요 둔화 가능성과 더불어 트럼프 2기를 맞아 더욱 첨예화될 미-중 패권 갈등 때문입니다. 트럼프 2기 시대의 미-중 패권 갈등은 가뜩이나 쪼개지고 있는 글로벌 경제의 편가르기를 더욱 심화시킬

것이며, 공급망의 이분화 현상도 촉진시킬 것입니다. 당연히 수요 증가 추세가 팬데믹 이전 수준으로 회복되기 어려워 과잉 리스크 역시 쉽게 해소되지 못할 것입니다.

팬데믹을 거치면서 과도한 부채 리스크에 직면한 것도 과잉 리스크와 이에 따른 다운사이즈 전쟁을 격화시키는 원인으로 지목되고 있습니다. 국제금융협회(IIF)에 따르면 2024년 1분기 중 전 세계 부채 규모가 12조 달러 넘게 급증하면서 323조 달러에 달했습니다. 부채 규모 증가에 따른 이자비용 급증은 부채 상환 위험과 재정 부담 위험을 증폭시키고 있습니다. 이처럼 정부 부채를 중심으로 부채가 급증하면서 더 이상 경기부양을 위해 확장적 재정 정책을 실시하기가 어려워지고 있습니다. 성장, 즉 수요가 없다면 공급능력을 줄이는 선택지밖에 없습니다. 다운사이즈의 필요성이 커지는 이유입니다.

수요 형태 전환도 주목해야 합니다. 어느 순간 재화(상품)로 대변되는 아날로그 수요는 줄어들고 서비스 혹은 디지털 수요가 전 세계 수요의 중심을 차지하고 있습니다. 앞으로 디지털 수요는 폭발적으로 증가하는 반면, 아날로그 수요는 줄어들 가능성이 높습니다. 이는 유형자산 중심의 각종 생산설비가 점차 필요하지 않을 것이라는 전망을 가능하게 합니다. 필요하지 않다면 당연히 줄일 수밖에 없습니다. 다만 전 세계 중 가장 큰 규모의 유형자산 생산설비를 보유하고 있는 중국이 문제입니다. 중국 경제와 산업이 본격적인 다운사이징에 나서지 않는 한 다운사이즈 전쟁이 쉽게 끝나기는 어렵습니다.

트럼프 2기 정부는 자국 우선주의 기조를 더욱 강화할 것입니다. 이는 미국 성장에 기댄 낙수효과를 더 이상 기대하기 어렵다는 것과 동시에 다른 나라들 역시 빗장을 걸어 잠그는 자국 우선주의 정책에 동참할 가능성이 커졌다는 것을 의미합니다. 한때 국가 간 분업화에 기반한 통합 경제를 의미하는 글로벌라이제이션(Globalization)[10]이 유행이었지만 지금은 과잉 리스크로 인해 자국 우선주의 현상이 득세할 수밖에 없게 된 것입니다. 여기에 주요국의 정치적 스트롱맨(폭력적·강압적 수단으로 권위주의 정권을 유지하는 국가 지도자) 등장이 거센 자국 우선주의 물결을 전 세계에 휘몰아치게 하고 있음도 간과해서는 안 됩니다.

글로벌라이제이션 현상의 퇴조는 우리나라와 같은 제조업 국가 입장에서는 큰 악재입니다. 협력 파트너가 없어진다면 제조업 강국이라는 위상도 약화될 것이 분명하기 때문입니다. 설상가상으로 어느 순간 분업 파트너였던 중국에게 경쟁력을 상실해가면서 우리나라 제조업이 직면한 위기는 눈덩이처럼 커졌습니다. 글로벌 내 주요 산업에서 한국 산업의 위상이 약화되었고 실제로 디스플레이, 태양광은 물론 이차전지, 스마트폰, 전기차 등 첨단 산업 부문마저 중국에 자리를 내주고 있는 상황입니다. 초격차를 유지하고 있는 반도체 분야 역시 안심할 수 없습니다. 중국 반도체 산업이 급속히 성장하면서 초격차도 빠르게 축소되는 등 국내 첨단 산업마저 생존을 위협받기 시작했습니다.

우리나라도 다운사이즈 전쟁에 자의든 타의든 참전 중이지만 그 피해는 점점 더 누적될 것입니다. 이러한 우려는 이미 현실이 되고 있습니다.

---

10   국제화를 말하는 것으로 인터널라이제이션(Internalization)에 비해 전 세계적인 관점에서 경영 전략을 추구한다는 의미로 무역 및 자본 자유화에 따른 각국 경제의 통합화 현상을 지칭한다.

2024년 국내 경기와 증시가 글로벌 외톨이 현상을 보인 배경에는 다운사이즈 전쟁 여파도 크게 자리하고 있습니다.

우리 경제가 직면한 다운사이즈 전쟁의 피해는 갑자기 발생한 것이 아닙니다. 미-중 무역 갈등이 본격화된 2018년부터 그 징후가 나타났다고 할 수 있습니다. 2017년을 정점으로 전 세계에서 국내 제조업이 차지하는 비중이 급락한 것은 이를 뒷받침하는 지표입니다. 다운사이즈 전쟁이 이미 시작되었지만 우리가 제대로 인식하지 못한 것입니다.

이러한 관점에서 트럼프 2기의 출범이 다운사이즈 전쟁을 더욱 격화시킬 확률이 높고, 다운사이즈 전쟁의 화염이 국내 산업을 덮칠 수 있습니다. 다운사이즈 전쟁을 조기에 진압하지 못한다면 일부에서 자주 언급되듯이 한국 경제도 일본의 잃어버린 30년과 같은 심각한 디플레이션 국면에 진입할 수 있습니다.

그림 5 한국과 중국이 전 세계 제조업에서 차지하는 비중

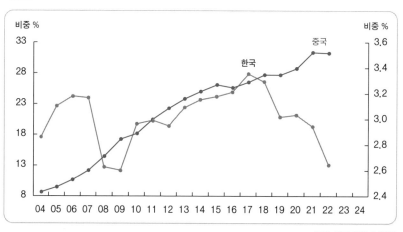

출처: 세계은행, iM증권

트럼프 2기 정부가 몰고 올
또 다른 파장

광란의 2020년대,
당분간 지속될 미국 예외주의 현상

미국 경제 예외주의라고 일컬을 정도로 미국 경제는 코로나19 팬데믹 이후 순항하고 있습니다. 미국 연준의 공격적인 금리인상으로 끝없이 제기된 경기침체론을 비웃기라도 하듯 지난 몇 년간 미국 경제는 호황을 유지했습니다. 혹자는 그런 현재의 미국 경제를 광란의 1920년대와 유사하다고 지칭합니다.

광란의 20년대(Roaring Twenties)란, 1920년대 미국 경제를 대표하는 용어로 제조업의 급격한 성장과 소비자 수요 증가로 예술, 문화 산업까지 발전한 시대를 의미합니다. 그러나 광란의 20년대 끝은 암울했습니다. 1929년 검은 목요일을 기점으로 경제 거품이 터지면서 대공황의 시대에 접어들었기 때문입니다. 어쨌든 미국 경제 예외주의를 가장 선명하게 보여주는 광란의 20년대가 출현할 수 있었던 배경에는 기술혁신 사이클이 그 중심에 있었습니다. 자동차의 등장, 가정용 내구재 보급, 석탄에서 석유로의 에너지 전환, 그리고 기축통화로서의 달러 부상에 따른 글로벌 자금의 미국 유입 등이 광란의 20년대를 견인했습니다.

가장 최근 미국 경제 예외주의 현상이 나타났던 시기는 1990년대입니다. 1990년을 전후로 한 구소련 체제 붕괴와 동서독 통합 등으로 유럽 경제가 장기 부진의 늪에 빠졌고 아시아 경제 역시 일본의 버블 붕괴에 이은 아시아 외환 위기로 휘청거린 반면, 미국 경제는 인터넷 빅 사이클을 등에 업고 강한 경제를 유지할 수 있었습니다. 달러화 강세도 1990년대 미국 경제 예외주의에 기여했습니다. 1995년 역플라자 합의[11]를 통해 달러가 초강세를 보이면서 글로벌 자금의 달러 자산 선호 현상이 강해진 바 있습니다. 그리고 1990년 미국 경제 예외주의 현상도 광란의 20년대와 유사하게 IT 버블 붕괴로 막을 내리게 됩니다.

그럼 광란의 2020년대 미국 경제 예외주의 현상은 어디서 비롯된 것일까요?

1920년대와 1990년대의 가장 큰 공통점은 기술혁신 사이클입니다. 팬데믹 이전부터 미국 경제와 산업은 디지털혁신 사이클이 주도하고 있습니다. 스마트폰에서 출발하여 SNS 혁명, 자율주행차, AI, 로봇 등 주요 기술혁신 사이클에서 미국 기업들은 이미 넘기 어려운 위치를 점

11　1995년 4월 G7 재무부 장관, 중앙은행 총재 회의에서 이루어진 엔저 유도를 위한 합의로, 1985년 9월 대일 적자를 해소하기 위해 엔화의 가치를 올리도록 유도한 플라자 합의에 반대되는 내용이라고 하여 역플라자 합의라 부른다(매일경제신문 참조).

그림 6 미국 내 기술혁신 사이클과 다우존스 지수 추이

출처: 블룸버그, iM증권

하고 있습니다. M7은 미국 기술혁신 사이클을 이끌고 있는 상징적인 기업들로 여기에 포함된 7개 기업의 시가총액이 전체 S&P500 시가총액에서 차지하는 비중은 31%(2025년 4월 기준)를 넘습니다.

미국 내 기술혁신 사이클 붐을 여실히 반영하는 또 다른 시그널은 투자 사이클입니다. 미국 고정투자 사이클을 보면 팬데믹을 기점으로 디지털 투자 비중, 즉 무형자산 투자(물리적인 실체가 없지만 자산성이 존재하는 자산)가 전통적인 아날로그 투자인 유형자산 투자를 상회하기 시작했고 그 격차는 점점 더 벌어지고 있습니다. 미국 경제 및 산업의 구조가 예상보다 빠르게 디지털화되고 있다는 것입니다. 전 세계 어느 국가도 무형자산 투자가 유형자산 투자를 넘어선 국가는 없습니다. 이처럼 무형자산 투자를 중심으로 한 투자가 미국 경제 예외주의 현상을 강하

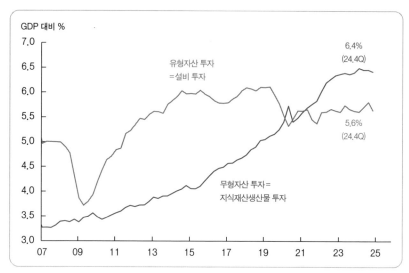

그림 7 미국 무형자산과 유형자산 투자 비중

GDP 대비 %

유형자산 투자
=설비 투자

6.4%
(24.4Q)

5.6%
(24.4Q)

무형자산 투자=
지식재산생산물 투자

07 09 11 13 15 17 19 21 23 25

출처: 블룸버그, CEIC, iM증권

게 뒷받침하고 있는 것입니다.

여기서 간과하지 말아야 할 것은 승자독식 현상 강화입니다. 미국 경제 예외주의는 다른 용어로 표현할 때 승자독식이라고 할 수 있습니다. 미국이 모든 과실을 독차지하는 구조가 심화되고 있다는 것입니다. M7 기업이 미국 내 주식시장에서 차지하는 비중이 급격히 증가해 온 것도 같은 맥락으로 볼 수 있습니다. 예외주의 현상이 미국 경제와 미국 기업에 절대적으로 유리하지만 미국 이외의 경제와 기업들에게는 고통일 수 있습니다.

기술혁신 이외 미국 경제 예외주의 현상을 지지하는 또 다른 동력으로는 총공급 우선 정책으로 초점을 맞춘 미국 정책 기조 전환, 베이비붐 세대 은퇴 등으로 대변되는 인구 사이클, 에너지 패권 장악 그리고 달러화 강세를 들 수 있습니다.

미국 정책 기조가 총수요 정책 중심에서 총공급 정책으로 전환되었음을 주목해야 합니다. 미국 경제 입장에서는 수십 년간 안정적인 글로벌 공급망이 유지되었기 때문에 생산 혹은 공급과 관련된 정책을 추진할 필요성이 낮았습니다. 오히려 수요가 중요했기 때문에 금리, 유동성 및 감세 정책 등 총수요 관리 정책에 초점을 맞춘 정책을 운용했습니다.

그러나 미-중 갈등 본격화, 팬데믹 및 러시아-우크라이나 전쟁 등을 거치면서 더 이상 안정적인 공급망을 담보하기 어렵게 되었고 동시에 디지털 산업의 경우 오히려 자체적인 공급망 구축이 유리했습니다. 이는 중국 견제가 반드시 필요했다는 점에서 더욱 요구되는 부분이었습니다. 이에 미국 정부는 보조금 지급과 같은 각종 산업 정책 등 다양한 총공급 관련 정책을 강화했고 그에 따른 효과도 바로 나타났습니다. 특히 트럼프 2기 자국 우선주의 정책 강화가 미국 내 투자를 확대시키는 요인으로 작용할 것입니다.

트럼프 2기 들어서 불법 이민자 문제 등이 이슈화되고 있지만 한편으로 미국 내 이민자의 꾸준한 증가 현상은 그동안 미국 경제 성장에 큰 기여를 했습니다. 미국도 인구 고령화가 진행되고 있지만 이민자 증가로 인한 젊은 생산가능 인구의 유입은 생산성 확대에 기여할 뿐만 아니라 소비 사이클에도 긍정적인 영향을 미치고 있습니다. 트럼프 2기 시대 강력한 이민자 규제가 현실화되면 미국 경제에 과연 어떤 영향을 미칠지 귀추가 주목됩니다.

인구 사이클과 관련하여 베이비 붐 세대의 은퇴도 미국 경제 패러다임에 큰 변화를 주고 있습니다. 베이비 붐 세대의 은퇴가 인구 고령화 가속이라는 다소 부정적인 측면도 있지만 이들은 미국 경제의 성장을 주도했고 혜택 역시 크게 입은 세대입니다. 이에 따라 베이비 붐 세대와 사이런트 세대(Silent Generation, 1928~45년 출생)는 미국 전체 가계 순자산 중 약 70%를 보유하고 있는 부자 세대입니다. 역사상 은퇴자들이 가장 많은 자산을 소유하는 시대가 개막되었다는 것은 소비 경기 및 서비스 경기에 활력으로 작용할 것입니다. 이 또한 미국 경제 호황 사이클 지속의 또 다른 동력입니다.

미국이 에너지 패권을 다시 장악한 것도 미국 경제 예외주의를 설명하는 데 빠져서는 안 될 이유입니다. 2010년대 들어 미국 내 셰일오일[12] 생산이 급증하면서 마침내 미국은 사우디아라비아를 제치고 전 세계 최대 산유국이 되었습니다. 트럼프 2기에는 그동안 환경 문제와 규제 이슈로 주춤했던 셰일오일 개발이 다시 탄력받을 전망이어서 전 세계 원유시장은 크게 요동칠 가능성이 큽니다. 무엇보다 미국 내 원유 생산이 트럼프 2기에 추가로 증가한다면 유가 안정을 기대할 수 있고 이는 '저물가-저금리'로 이어져 미국 경제의 호황을 지지해줄 것입니다. 동시에 시간이 걸리겠지만 미국이 본격적으로 원유 및 천연가스 수출을 진행한다면 미국 무역수지 적자 개선에도 일조하게 될 것입니다.

그 외에도 트럼프 2기에 미국 경제 예외주의 현상이 지속될 것이라는 기대감에는 트럼프 대통령이 공약한 감세 정책과 규제 완화가 기술혁

---

12   퇴적암인 셰일이 형성하는 지층에 포함되어 있는 천연가스나 석유를 의미한다.

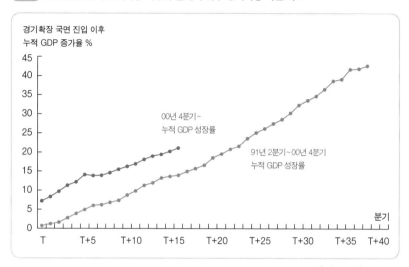

그림 8 1990년대 미국 경기확장 국면과 팬데믹 이후 경기확장 국면 비교

경기확장 국면 진입 이후
누적 GDP 증가율 %

00년 4분기~
누적 GDP 성장률

91년 2분기~00년 4분기
누적 GDP 성장률

분기

출처: 블룸버그, iM증권

신 사이클에 힘을 더해줄 것이라는 낙관론을 강화시켰기 때문입니다.

감세 조치도 미국 경제의 성장 탄력에 힘을 보탤 것으로 보이며, 여기에 예외주의에 기반한 달러 강세 현상은 글로벌 자금의 달러 자산 선호 현상을 부추겨 미국 경제와 산업 성장에 긍정적인 기여를 할 것입니다.

팬데믹발 경기침체 이후 이번 경기확장 사이클에서 미국 GDP 누적 증가율을 보면 2024년 4분기 말 기준으로 21.8% 수준입니다. 1990년대와 같은 미국 경제 예외주의 사이클이 재현된다면 미국 경제의 추가 성장세를 기대해볼 수 있고 이는 미국 증시의 추가 상승으로 이어질 것입니다.

| 트럼프 2기 정책 리스크

트럼프 2기 정책에 대한 우호적 평가는 엇갈리고 있지만 '미국을 다시 위대하게'로 대변되는 자국 우선주의 정책들은 경제 예외주의 현상을 더욱 강화시킬 것이 분명합니다. 그러나 트럼프 2기 정책이 미국 경제를 꽃길로만 안내할지는 미지수입니다. 정책 후유증으로 예외주의 현상이 훼손될 리스크도 잠재해 있기 때문입니다.

트럼프 2기의 정책 리스크와 관련하여 트럼프 대통령의 이름 영어 철자를 통해 요약해 살펴보겠습니다.

첫 번째 사례
- Tariffs(관세): 미국 우선주의와 보호무역주의를 강화하는 무역 정책의 대변화
- Risk(위험요소): 무역적자 심화 및 자국 경쟁력 제고를 위해 저금리 및 약달러를 지향하며 기꺼이 리스크 감수
- Unpredictability(예측 불가능): 예측 불가능한 방향으로 갑작스럽게 변화할 수 있는 정책 기조로 인한 불확실성 확대
- Manufacturing(제조업): 미국을 과거처럼 제조업 강국으로 만들겠다는 강한 의지 표명
- Paradox(정책 부조화): 양립하기 어려운 '기업 감세-저금리 및 저물가-재정지출 확대-관세 인상' 등의 공약 추진에 귀추가 주목

출처: 〈도널드 트럼프 대통령 당선과 국내 산업 영향〉, 2024.11, 삼정 KPMG

두 번째 사례
- Tariff on All Import: 모든 수입품에 관세
- Return to Fossil Fuel: 화석연료로 복귀(화석연료 공급 확대)
- Uncertainties in High Tech Industry: 첨단 산업에 대한 보조금 조정에 따른 첨단 산업 불확실성
- Monetary Policy Interference: 통화 정책 개입
- Personal Diplomacy: 개인 외교

출처: 대한상공회의소

트럼프 이름을 통해 본 2가지 사례에서 두드러진 공통점은 관세, 제조업 육성, 미국 내 원유생산 확대 등입니다. 그야말로 미국만을 위한 정책이 추진될 것임은 명확합니다. 그러나 트럼프 2기 정책에 있어서 리스크도 분명 존재합니다. 예측 불가능, 정책 부조화, 정책 개입 그리고 물가 리스크입니다.

예측 불가능 리스크는 이미 트럼프 1기에 충분히 경험했지만 트럼프 2기는 예측 불가능 리스크가 더욱 확대될 여지가 크다고 할 수 있습니다. 어디로 튈지 모르는 정책 기조는 금융시장은 물론 경제에 큰 부담을 줄 것이고, 무엇보다 주식시장 등 금융시장의 변동성 확대 가능성이 커졌습니다. 실제로 상호관세 시행 발표 이후 보여준 미국 금융시장의 극도의 불안 현상은 우려했던 트럼프 정책 리스크의 단면을 보여준 것입니다.

정책 부조화는 트럼프 2기 정책이 안고 있는 가장 큰 리스크입니다. 아무리 좋은 정책일지라도 여타 정책과 조합을 이루지 못한다면 부작용은 커질 수밖에 없습니다. 앞에서도 언급한 사례지만 불법 이민자 추방 등 강력한 이민자 규제가 물가는 물론 소비 경기, 더 나아가 주택시장에도 부정적인 영향을 미칠 가능성은 큽니다. 더욱이 고율 관세 정책과 감세 정책 등은 정도의 차이만 있을 뿐 물가에 부정적인 정책입니다. 중국산 제품에 대한 고율 관세는 물가 상승 압력과 함께 당장 미국 가계 소비에 큰 부담을 줄 것입니다. 이를 뒷받침하듯 관세 시행에 앞서 사재기 현상이 나타나고 소비자들의 기대인플레인션율이 급등하는 등 소비심리는 급락하고 있습니다.

첨단 산업에 대한 정책 부조화도 잠재 리스크입니다. 바이든 정부는 신기술부분에서 미국 주도의 공급망을 구축하기 위해 각종 보조금 지급 등을 통해 미국 내 혹은 니어쇼어링(nearshoring, 인접국) 국가인 멕시코와 캐나다에 주요 해외 기업들의 투자를 장려했습니다. 이 효과로 미국 내 일자리도 크게 증가했습니다. 이런 상황에서 첨단 산업에 대한 보조금 철폐 혹은 중단은 그동안 강력했던 투자 사이클의 약화로 이어질 것이고 고용시장에도 악재로 작용할 수 있습니다.

또 다른 정책 부조화 리스크로는 감세와 재정적자 리스크입니다. 감세 정책이 재정에 부담을 주는 것은 당연합니다. 코로나19 팬데믹과 바이든 정부 당시의 보조금 정책이 미국 재정수지 적자 폭을 확대시킨 상황에서 감세 정책은 재정 리스크를 더욱 심화시킬 위험을 내포하고 있습니다. 스콧 베선트 재무부 장관이 국채 발행 규모 확대에 부정적 입장을 가지고 있다지만 재정수지 적자 확대는 국채 발행 증가를 통해 국채 금리 상승으로 이어질 수 있습니다.

앞서 언급한 바와 같이 트럼프 2기 초기 정책은 재정 건전화와 장기 국채 금리 안정에 초점을 맞춰 추진되고 있지만 관세 정책으로 인한 물가 압력을 어떻게 해소할지와 더불어 금리 하향 안정을 위해 경기둔화를 감내해야 하는 난제를 어떻게 풀지가 관건입니다. 금리 안정만을 위해 경기둔화를 방치할 경우 자칫 물가 상승과 경기침체가 동반되는 스태그플레이션 압력이 재차 확산될 수 있음은 트럼프 2기 정책의 가장 큰 위험 중 하나입니다.

여기에 트럼프가 연준의 통화 정책 결정에 개입할 수 있음을 내비치

그림 9 트럼프 2기 정책 추진으로 예상되는 리스크

출처: iM증권

는 등 미국 연준의 통화 정책 독립성이 위협받게 된다면, 국채 금리가 요동치는 금리 발작 현상으로 전 세계 금융시장이 큰 동요를 겪을 수도 있습니다.

트럼프 2기 정책에 대해 금융시장의 기대가 크지만 기대만큼의 성과가 나오지 못하고 오히려 정책 부조화로 부작용이 현실화된다면 미국 경제 예외주의가 흔들리면서 미국 경제와 금융시장은 또 다른 위험에 노출될 수 있음을 주시해야 할 것입니다.

트럼프 2기, 격화되는 중국과의 충돌

트럼프 1기 당시 대중 관세 인상으로 미–중 관계가 악화되었지만 트럼프 대통령과 시진핑 국가 주석은 중국이 미국산 제품 구매를 확대하는 합의를 통해 두 나라의 관계가 최악으로 치닫는 것을 막은 바 있습니다. 물론 미–중의 무역 합의 내용은 코로나19로 인해 제대로 이행되지 못했지만 관세를 통한 대중 압박이 중국 경제와 산업에 큰 부담을 준 것은 사실입니다. 트럼프 1기를 기점으로 본격화된 미국의 대중 압박으로 중국 경제 성장률은 큰 폭으로 둔화하였고 각종 구조적 리스크가 부각됨으로써 디플레이션에 봉착해 있는 상황입니다.

이런 상황에서 중국이 트럼프 2기의 고율 관세 등 강도 높은 대중 압박에 어떤 대응을 할 것인가는 2025년 글로벌 경제와 금융시장에 중요한 이슈가 될 것입니다. 트럼프 1기 당시와 같이 협상을 통해 문제를 풀어갈지 아니면 강대강 전략을 구사할지가 관건입니다.

이제 중국은 더 이상 물러날 곳이 없습니다. 2018년 1차 무역 합의 당시만 하더라도 중국 경제는 6%대의 성장률을 바탕으로 미국의 경제적 압박을 어느 정도 극복할 수 있었습니다. 그러나 현재 중국 경제는 5% 성장률 달성도 버거운 상황이며, 무엇보다 부동산발 부채 위기 등으로 내수 경기가 극도로 부진한 디플레이션 리스크에 직면해 있습니다. 이러한 시기에 외부적 충격이 다시 가해질 경우 부채 리스크가 중국 위기로까지 이어질 잠재적 위험에 노출되어 있습니다. 따라서 트럼프 2기 정부가 고율 관세를 앞세워 중국을 압박한다면 중국은 이를 받아들이기 쉽지 않을 것입니다. 트럼프 2기 정부의 요구 조건은 단순히 미-중 간 무역수지 불균형이 아닌 패권 경쟁에서 중국을 영원히 따돌릴 수 있는 조건이거나 중국의 사회주의체제에 위협을 가할 수 있는 조건일 공산이 크기 때문입니다.

중국 입장에서도 설사 성장률의 급격한 둔화 등 충격을 받을 수 있다 하더라도 이번에는 트럼프 2기 정부와 타협보다는 강 대 강의 전략으로 맞설 여지도 있습니다. 시진핑 국가 주석의 어젠다 중 하나는 중국몽(中國夢)입니다. 중국몽은 '근대 이래로 모든 중국인들이 꾸고 있는 가장 위대한 꿈', 다른 표현으로 '중화민족의 위대한 부흥'이라 정의할 수 있습니다. 동시에 중국몽은 중국이 경제적, 군사적으로 전 세계를 통치하겠다는 강력한 제국주의 사상을 드러낸 야심찬 이념입니다. 어찌 보면 트럼프 2기는 '미국을 다시 위대하게'라는 MAGA와 집권 3기 사실상 종신체제에 접어든 시진핑의 중국몽 간 대립 시대로 평가할 수 있습니다. 자칫 미국과 중국 간 강한 충돌이 현실화될 수 있는 시대를 맞이한 것입니다.

이러한 관점에서 더욱 격화될 수밖에 없는 미국과 중국, 다시 말해 트럼프와 시진핑 간의 기싸움에 따른 불확실성 리스크에 대한 대비가 필요할 것입니다.

│ 트럼프 2기, 중국 경제의 생존 전략은?

트럼프 2기 정부의 대중국 고율 상호관세 정책이 현실화되면서 2025년 중국 성장률 둔화는 불가피해 보입니다. 그렇다면 이러한 상황에서 중국 정부가 내놓을 대응책으로는 무엇이 있을까요?

첫 번째로는 내수 부양 정책 강화, 두 번째는 디플레이션(투자 과잉) 수출, 세 번째는 신기술부분에 집중적 투자(고품질 발전 전략) 강화, 마지막으로 글로벌 사우스(Global South)[13] 지역에서 중국 위상 확대 전략을 생각해볼 수 있습니다.

미국의 중국산 제품에 대한 고율 관세가 현실화되면서 중국 수출은

---

13   주로 아프리카, 라틴아메리카와 카리브해, 일본, 이스라엘, 한국을 제외한 아시아, 호주와 뉴질랜드를 제외한 오세아니아 지역의 국가들을 포함한다.

큰 타격을 받을 것이고 이는 중국 제조업 경기부진과 함께 성장률 둔화로 이어질 것입니다. 글로벌 투자은행들은 고율 관세가 현실화되면 중국 성장률은 2~3% 수준대로 추락할 것으로 내다보고 있습니다. 중국 입장에서 2~3% 성장률은 침체와 같은 성장률입니다. 2020년 코로나19 당시 중국 성장률이 2.2%였음을 고려할 때 2~3% 성장률이 지니고 있는 의미를 이해할 수 있을 것입니다. 무엇보다 중국 성장률이 2020년과 2022년(3.0%) 수준을 기록하면 헝다 사태로 대변되는 부동산 위기가 재발 혹은 증폭될 것입니다. 고율 관세 여파로 성장률이 다시 2~3%대로 주저 않는다면 중국 경제발 금융위기가 현실화될 가능성도 높아질 수 있습니다.

따라서 중국은 성장률 방어를 위해 내수 부양에 공격적으로 나설 것입니다. 이미 중국 지도부는 2024년 12월 내수 촉진을 위해 "보다 적극적인 재정 정책과 적당히 온건한 통화 정책을 이행해야 한다"고 밝힌 바 있습니다. 적극적인 재정 정책도 주목되지만 통화 정책 기조의 전환

표 1 중국 통화 정책 기조 전환

시기	기조	통화 정책 전환 근거
2025년	적당히 온건(Moderately Loose)	물가 하락과 내수 부진
2011~2024년	신중(Prudent)	물가 상승
2008년 11월~2010년	적당히 온건(Moderately Loose)	글로벌 금융위기
2008년 1월~11월	긴축(Tight)	물가 상승
1998~2007년	신중(Prudent)	아시아 외환위기
1993~1997년	적당히 긴축(Moderately Tight)	물가 상승

출처: 블룸버그, iM증권

이 더욱 눈에 띕니다. 적당히 온건한 통화 정책이라는 표현은 14년만에 통화 정책이 완화로 전환될 것임을 시사한 것입니다. 중국 지도부가 이처럼 통화 정책 및 재정 정책 기조를 전환한 배경에는 지금의 경제 부진, 특히 내수 부진에 따른 디플레이션 리스크를 해소하기 위함으로 해석됩니다.

통화 완화 정책뿐만 아니라 2025년 3월 개최된 전인대(전국인민대표대회)에서 적극적인 재정 정책 추진을 분명히 했습니다. 2025년 재정수지 적자 목표를 사상 최대인 GDP 대비 4%까지 확대할 계획입니다. 동시에 딥시크 출현 이후 AI 산업에 자신감을 갖고 AI 산업 성장을 위한 AI 굴기 정책을 한층 강화할 것을 천명했습니다. 중국 정부가 성장률 급락으로 또 다른 위기가 발생하는 것을 용납하지는 않을 것입니다. 성장률 급락이 자칫 사회주의체제 혹은 시진핑체제를 위협하는 불씨가 될 수 있기 때문입니다.

저가 수출 공세도 한층 강화될 것입니다. 중국 디플레이션 리스크의 또 다른 원인이 투자 과잉에서도 비롯되고 있어 중국 기업들로서는 이익을 떠나 남아도는 재고 해소를 위해 저가 수출을 강화할 것입니다. 이는 전통적인 업종뿐만 아니라 전기차, 이차전지 등 신경제 업종에서도 한층 거세질 것으로 예상되면 이러한 중국의 저가 수출 공세는 궁극적으로 한국을 포함한 전 세계 제조업 경기에 큰 부담이 될 것입니다.

제조업 분야의 과잉 리스크에도 불구하고 중국은 전략적으로 신기술 부문에 막대한 투자를 집중하고 있는 중입니다. 기술패권 경쟁에서 당장 미국과 경쟁하기는 어렵지만 천천히 경쟁력을 키우면서 기술패권

그림 10 미국, 한국 및 중국의 첨단기술 분야 격차 수준(위)과 중국 R&D 투자 추이(아래)

분야	미국		한국		중국	
	수준(%)	격차(년)	수준(%)	격차(년)	수준(%)	격차(년)
반도체 디스플레이	100	0.0	89.0	1.3	84.4	1.9
이차전지	87.1	1.1	100.0	0.0	94.3	0.9
첨단 모빌리티	100	0.0	84.2	0.1	86.3	2.1
차세대 원자력	100	0.0	83.0	5.0	83.0	4.5
첨단 바이오	100	0.0	78.1	3.1	78.1	2.6
우주항공해양	100	0.0	55.0	11.8	79.2	5.8
수소	100	0.0	78.6	3.3	72.7	3.9
사이버 보안	100	0.0	84.3	2.3	88.8	1.4
인공지능	100	0.0	78.8	2.2	90.9	1.3
차세대 통신	100	0.0	86.0	1.4	93.5	0.6
첨단 로봇 제조	100	0.0	82.0	2.3	82.9	2.5
양자	100	0.0	65.8	4.2	91.9	0.8

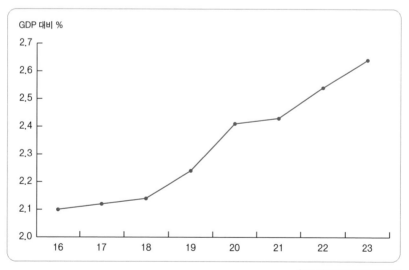

출처: 각종 기사 참조, iM증권

그림 11 **중국의 수출지역별 비중(위), 글로벌 노스와 사우스의 분포(아래)**

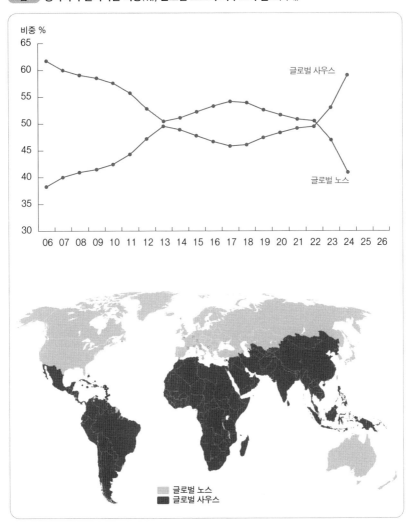

주: 수출 비중에서 글로벌 노스에는 미국, 캐나다, 유럽, 영국, 오세아니아, 한국, 일본, 대만 등이
포함되어 있으며, 글로벌 사우스에는 글로벌 노스를 제외한 국가들이 포함된다.
출처: 블룸버그, iM증권

경쟁에서 미국과 경쟁 구도를 형성할 계획입니다. 중국 경제 및 산업 발전 단계를 고려할 때 더 이상 저부가가치 산업에 집중할 수 없고 고부가가치 첨단 분야로의 전환이 불가피해 앞으로 첨단 산업에 투자를 집중할 수밖에 없습니다. 중국의 이러한 물량 투자 전략이 새로운 과잉 리스크를 잉태하겠지만, 한편으로는 중국이 지금의 기술혁신 사이클에 미국을 궁극적으로 따라 갈 수 있는 힘으로 작용할 것입니다. 실제로 중국은 국가 주도의 R&D 투자 확대에 힘입어 로봇, 전기차, 고속철도, 민수항공기, 이착륙 로켓, 우주정거장에 이르기까지 다양한 미래기술 경쟁력을 확보했습니다. 국가 주도의 R&D 투자에 기반한 대량생산이 가능한 제조 강국이란 점에서 미국 등 경쟁국이 긴장할 수밖에 없습니다.

마지막으로 중국 경제의 생존 전략으로 이미 실행되고 있는 것은 미국 등 선진국시장보다 소위 글로벌 사우스로 지칭되는 이머징시장에 대한 중국 점유율을 높이는 전략입니다. 미국 및 EU 국가들의 관세 인상 및 수입 규제 강화로 중국 제품이 선진국시장에서 점유율을 확대하기에는 한계가 있습니다. 이에 중국은 러시아 등 브릭스 국가와의 관계를 강화하는 동시에 남미, 아프리카 등으로 수출 비중을 높여가고 있습니다. 최근 들어 중국 전기차의 글로벌 사우스 시장 공략이 강화되고 있습니다. 트럼프 2기 정부의 고율 관세로 중국산 제품의 대미 수출경쟁력이 약화될 수밖에 없기 때문에 중국 입장에서는 글로벌 사우스에서 입지를 높이는 전략을 강력하게 추진한 것입니다.

미국 우선주의 정책이 한국 경제와 증시의 외톨이 현상을 지속시킨다

2025년은 한국 경제에 있어 도전적인 한 해가 될 것입니다. 글로벌 경제와 증시에서 우리나라 경제가 소외되는 듯한 '외톨이 현상'은 2025년에도 지속될 여지가 크고, 소위 회색 코뿔소[14] 위험에서도 자유롭지 못합니다.

한국 경제 혹은 증시의 외톨이 현상이 지속될 것으로 예상하는 이유로 우선 트럼프 2기 정책 리스크를 들 수 있습니다. 트럼프 관세 정책은 직간접적으로 국내 수출경기에 악영향을 줄 것입니다. 관세를 통한

그림 12 한국 외톨이 경제 및 증시 원인

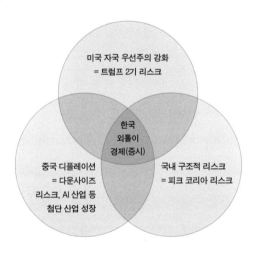

미국 자국 우선주의 강화
= 트럼프 2기 리스크

한국
외톨이
경제(증시)

중국 디플레이션
= 다운사이즈
리스크, AI 산업 등
첨단 산업 성장

국내 구조적 리스크
= 피크 코리아 리스크

출처: iM증권

---

14   위험 가능성을 충분히 예상할 수 있음에도 불구하고 이를 간과하여 결국 큰 위험에 처하게 되는 상황을 가리키는 용어를 말한다.

압박뿐만 아니라 다양한 통상규제를 통해 한국산 제품의 규제에 나설 여지가 있습니다. 트럼프 1기 당시 한국의 대미 무역수지 흑자 규모는 2019년 기준으로 115억 달러였지만 2024년에는 543억 달러로 거의 5배 가까이 급증했습니다. 따라서 상호관세 이외에 특정 품목에 대해서는 고율의 관세를 적용받을 가능성이 높아졌습니다. 관세 이외에 어떤 형태의 통상압박을 가할지는 예측하기 어렵지만 우리가 편안하게 대미 수출을 하면서 무역수지 흑자를 기록하는 것은 당분간 어려울 것입니다.

미-중 갈등, 중국 경기둔화 및 중국 산업 발전 등 여러 이유로 한국의 대중 수출 규모가 급속히 줄어든 부문을 그동안 대미 수출이 메워주면서 국내 경기를 견인해주었지만 이제는 이를 기대하기 어렵게 되었습니다. 대중 수출이 언제 회복될지 불투명한 상황에서 대미 수출마저 흔들린다면 한국 경제에는 큰 부담일 것입니다.

직접적인 대미 수출 감소 가능성과 고율 관세로 중국의 대미 수출이 큰 충격을 받는다면 우리나라도 악영향에서 자유롭지 못합니다. 2023년에 이어 2024년 2년 연속 우리나라의 대중 무역수지가 적자로 전환된 현상은 중국의 산업 발전 영향도 있지만 미-중 갈등 여파가 간접적으로 우리나라의 대중 수출에 부정적인 영향을 미쳤기 때문입니다.

트럼프 2기의 고율 관세 정책 이외에 인플레이션 재발 리스크도 한국 경제와 금융시장 입장에서 경계해야 할 리스크입니다. 이미 미국 내물가 둔화세가 정체 국면에 진입했습니다. 미국 경제 호황 여파와 더불어 공급망 차질과 노동시장 불균형으로 서비스 물가가 미국 연준의 의도만큼 제대로 둔화되지 못하고 있는 형국입니다. 이에 따라 2025년 들어 미국 연준도 금리인하 속도를 조절할 가능성이 커졌습니다.

만약 불법 이민자 대규모 추방, 관세 인상 및 중국을 포함한 무역 마찰 확대에 따른 주요 소비품목의 공급 차질이 현실화된다면 미국 내 물가 압력은 다시 고개를 들 것입니다. 미국 연준이 기준금리를 다시 인상하는 사태로 이어질지는 이후 물가 추이를 좀 더 지켜봐야겠지만 시중 국채 금리는 요동칠 수 있습니다. 국채 금리가 급등한다면 금리 발작 혹은 긴축 발작[15] 현상이 미국 경제는 물론 전 세계 금융시장에 악재로 작용할 것입니다. 금리 발작에 있어 한국도 예외일 수 없습니다. 우리나라는 가계부채 등 부채 리스크가 여타 국가에 비해 높은 수준이기 때문에 금리 상승 흐름에 민감할 수밖에 없습니다.

이 밖에 트럼프 2기의 자국 우선주의 강화 불똥이 어느 곳으로 튈지 모른다는 점 역시 국내 경제와 금융시장의 불확실성 리스크를 높일 수 있습니다. 트럼프 2기는 각자도생의 시대로 요약할 수 있습니다. 국제 사회에서 이전처럼 상호이익을 위한 공조와 협력을 기대하기 어려운 시대로 접어든 것입니다. 트럼프 2기 핵심 어젠다인 자국 우선주의 정책은 글로벌 경제 및 외교 갈등 문제에서 더 이상 미국이 간섭하지 않겠다는 의미이기 때문에 미국을 축으로 했던 서방 진영의 연대가 급속히 약화될 수 있습니다. 실제로 독일 등 주요 유럽 국가들은 내수 위주로

---

15   긴축 발작(Taper Tantrum)이란 2013년 당시 벤 버냉키 미국 연준 의장이 처음으로 양적 완화 종료를 시사한 뒤 신흥국의 통화가치와 증시가 급락했던 현상을 의미한다. 최근에는 미국의 금리인상 혹은 금리 상승 여파로 인해 신흥국의 긴축 발작이 재발할 수 있다는 의미로 통용되고 있다(연합인포맥스 참조).

경기를 살리고 국방을 강화하는 소위 부국강병을 위해 극도로 억제했던 재정지출을 확대하겠다고 나서고 있습니다. 재정에 있어 가장 엄격한 국가인 독일이 인프라 투자와 국방 강화를 위해 향후 10년간 5천억 유로의 특별기금을 만들고 있음은 이러한 분위기를 반영한 것입니다.

트럼프 1기 당시 '미국 우선주의(America First)'는 정치적 슬로건으로 공식 채택하고 또 추진된 바 있지만 국제사회, 특히 유럽 동맹국들의 냉소적 반응으로 별다른 효과를 보지 못했다는 평가입니다.[16] 따라서 트럼프 2기 정부는 강하게 자국 우선주의 정책을 추진할 것입니다. 트럼프 대통령이 사업가임을 고려하면 철저한 비즈니스 논리가 모든 정책보다 우선할 것입니다. 정책 패러다임의 변화, 즉 미국의 이익을 우선에 둔 패러다임의 변화가 글로벌 경제와 금융시장에 적지 않은 파장과 불확실성을 높일 수 있다는 점에서 한국 경제와 금융시장의 변동성을 확대하는 변수로 작용할 것입니다.

한국 경제와 증시 외톨이 현상의 또 다른 요인, 중국발 다운사이즈 리스크

미-중 갈등 격화, 기술패권 경쟁은 더 이상 남의 나라 일이 아닙니다. 글로벌 경제의 양대 산맥이 충돌한다면 주변국은 아무 소리도 내지 못하고 피해를 입는 것이 현실입니다. 더욱이 미국 및 중국과 높은 교역의존도를 유지하고 있는 한국은 그 어느 나라보다 미국과 중국의 갈

16　"제2기 트럼프 대통령은 '미국 요새화(Fortress America)' 정책을 달성할 수 있을까?", 〈아시아투데이〉, 2024년 11월 7일자 기사 참조.

등 여파에 몸살을 앓을 것입니다.

트럼프 1기 당시 미-중 갈등이 본격화되면서 중국 성장률이 둔화된 것은 당연하고 한국 성장률 역시 큰 폭으로 둔화하면서 주식시장도 미국과 차별화되는 현상을 보인 바 있습니다. 트럼프 2기 정부 출범과 함께 본격화되는 관세 등 각종 정책 불확실성 리스크는 미국 증시는 물론 글로벌 증시와 경기의 변동성을 높이고 있고 한국 경제와 주식시장 역시 큰 격랑을 맞고 있습니다.

더욱이 우려되는 것은 트럼프 2기에 자칫 미-중 갈등 격화로 초래될 수 있는 각종 부작용입니다. 교역 사이클 둔화, 기존 글로벌 공급망 위축이 국내 산업에 줄 피해, 중국 경기둔화에 따른 과잉 리스크 확산과 이에 따른 다운사이즈 리스크 본격화, 그리고 원화 가치 불안 등은 이미 예견되고 있는 상황입니다.

그렇다면 트럼프 2기 미-중 갈등 격화로 가장 우려되는 대목은 무엇일까요? 바로 중국발 다운사이즈(생산능력 축소) 리스크 확산입니다. 중국 제품에 대한 고율 관세 부과로 중국 정부도 성장률 둔화를 방어하기 위해 대규모 경기부양책을 추진할 가능성이 높지만 성장률 둔화는 피하기 어려울 것입니다. 여기에 디플레이션 리스크가 한층 심화될 경우 중국 경제와 산업은 더욱 큰 과잉 리스크에 직면하게 될 것입니다. 결국 자국 디플레이션 수출, 즉 다운사이즈 리스크를 외부로 확산시키는 선택지 이외의 방법을 찾기 어려울 것으로 보입니다.

일례로 중국 자동차 업체가 500만 대 이상의 증설을 추진한 결과 중국 내 생산능력은 중국 내수 규모를 넘어서는 자동차를 생산하고 있습니다. 중국의 자동차 보급률이 22.7%로 선진국 대비 낮은 수준인데 중국 소비자 심리 및 소비 여력 역시 코로나19 이전 수준을 회복하지 못하고 있는 것도 현실입니다. 1인당 GDP는 주요 자동차 생산국 중 최저 수준인 반면에 생산능력은 500만 대 이상 늘어난 것입니다. 미-중 갈등이 격화되면 해당 수요에 대한 정체 현상은 상당기간 해소되기 어려울 것이고, 이는 자연스럽게 중국 자동차 업체의 과잉 생산 리스크로 나타날 것입니다.

따라서 중국 자동차 업체는 자국 내 과잉 공급을 해소하기 위해 저가 수출, 즉 밀어내기 수출에 힘을 쏟고 있습니다. 2020년부터 2022년 기간 중 중국 자동차 재고는 38% 증가하면서 내수에서 소화하지 못하는 재고를 저가로 해외에 밀어내고 있습니다. 즉 자국의 다운사이즈 리스크를 해외로 수출하고 있습니다. 이는 자동차에만 국한되는 것이 아닙니다. 철강, 화학 등 전통적 산업부분뿐만 아니라 이차전지 등 신산업 부분에서도 중국발 다운사이즈 리스크가 현실화되고 있습니다. 이 피해는 고스란히 제조업 기반이 강하고 산업이 중첩되는 한국, 독일 등으로 전이되고 있습니다.

2025년 미-중 갈등 격화 혹은 기존 공급망 위축 등으로 인해 확대될 중국 과잉 리스크 혹은 다운사이즈 리스크 수출이 더욱 강화될 경우 우리나라 제조업은 큰 피해를 볼 여지가 있습니다. 이는 한국 경제의 저성장 압력인 동시에 증시 소외 현상을 부추길 악재인 것입니다.

미-중 갈등은 원화 가치에도 부정적인 영향을 미칠 것입니다. 트럼프 2기 정책에 따른 달러 강세 영향도 있지만 중국 정부가 고율 관세 및 다운

그림 13 중국 자동차 수출과 가동률 추이

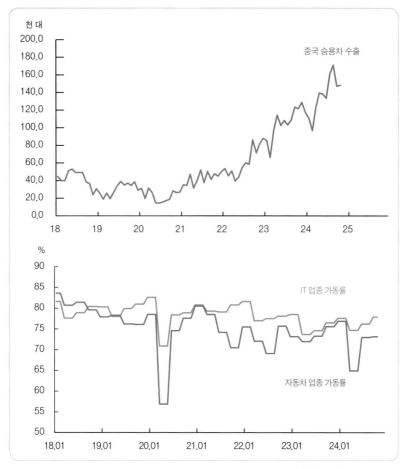

출처: 블룸버그, CEIC, iM증권

사이즈 리스크 수출을 지원하기 위해 위안화 가치의 대폭적인 약세를 유도 혹은 용인할 개연성도 높습니다. 위안화 가치가 대폭적으로 절하(약세)된다면 원화 가치에 약세 압력으로 작용할 것입니다. 가뜩이나 원화 가치의 약세 현상은 국내 경제와 금융시장에 악재로 작용하고 있습니다. 원화 약세로 일부 수출기업이 수혜를 받을 수는 있겠지만 외국인 자금의 국내 금융시장 추가 이탈과 함께 부진한 내수 경기에는 더욱 부담을 가중시킬 것입니다. 원화 가치 추가 약세는 국내 저성장 리스크를 높이는 역할을 할 것입니다. 즉, 한국 경제와 증시의 외톨이 현상을 심화시킬 것입니다.

2025년 글로벌 금융환경 변화 및 특징

| 2025년에도 글로벌 유동성은 풍부하지만 변심은 경계해야

2024년 고물가 현상이 진정되면서 미국 연준 등 주요국의 중앙은행은 동시다발적으로 금리인하에 나섰습니다. 2024년 9월 미국 연준은 0.5%p 금리인하라는 빅 컷을 시작으로 11월과 12월에도 연속적으로 각각 0.25%p의 금리인하를 단행했습니다. 이러한 미국 연준의 금리인하 사이클은 2025년에도 이어질 전망입니다. 다만 2024년 말 예상과 달리 미국 연준의 2025년 금리인하 횟수는 축소될 것으로 보입니다. 이는 2024년 12월과 2025년 3월 연방공개시장위원회(FOMC)에서 발표된 점도표[17]를 통해서도 확인되었습니다. 지난 2024년 9월 점도표상의

17 　FOMC 위원들이 생각하는 향후 금리 전망을 취합한 도표를 말한다. 점도표는 3, 6, 9, 12월 FOMC 정례회의 이후 경제 전망 등을 수정·발표하면서 함께 공개한다. 점도표의 점은 익명이며, 점 하나가 FOMC 위원 한 명이 응답한 향후 적정 금리다. 따라서 점도표는 향후 연준이 얼마나 금리를 인상 혹은 인하할 것인지를 예측할 수 있는 중요한 정보라고 할 수 있다.

2025년 기준금리 중간값보다 2024년 12월과 2025년 3월 점도표상의 중간값이 상향 조정되는 등 미국 연준은 2025년 금리인하 속도 조절에 나설 것을 시사했습니다. 이처럼 2025년 미국 연준의 금리인하 폭은 다소 축소되겠지만 추가 금리인하 기조는 지속될 것으로 보여 시중 유동성 흐름에는 기여할 전망입니다. 특히 금리인하로 금융기관의 대출 기준 역시 완화되어 대출 등이 증가할 것으로 기대할 수 있습니다.

유럽중앙은행(ECB) 역시 2025년에도 공격적인 금리인하에 나설 전망입니다. ECB는 2024년 6월 금리인하를 시작한 이후 9월과 10월 그리고 12월 세 차례 연속 각각 0.25%p씩 금리를 인하해 2024년 총 1.0%p 금리인하를 단행했습니다. 그리고 2025년에도 두 차례 0.5%p를 추가 인하하는 등 ECB의 금리인하 속도는 미국보다 상대적으로 빠르게 진행되고 있습니다.

크리스틴 라가르드(Christine Lagarde) ECB 총재가 언급했듯이 ECB가 미국에 비해 공격적인 금리인하에 나설 수밖에 없는 이유로 경기는 부진한 반면 물가는 안정세를 찾아가고 있기 때문입니다. ECB가 2024년 12월 발표한 수정 경제 전망에 따르면 2024년과 2025년 GDP 성장률은 각각 0.7%와 1.1%로 앞선 9월 성장률 전망치에 비해 각각 0.1%p, 0.2%p 하향 조정되었습니다. 이는 유럽연합의 경기 상황이 녹록지 않다는 것을 반증합니다.

제조업 경기부진 장기화 등으로 독일 경제 정체 현상이 지속되고 있는 가운데 프랑스마저 올림픽 이후 정치적 불확실성 확산으로 경기가 흔들리는 등 유럽연합 경기회복세는 예상보다 미약합니다. 여기에 트럼프 2기 출범에 따른 관세 리스크는 2025년 유럽연합 경기회복에 커다란 걸림돌로 작용할 가능성이 잠재해 있습니다.

그나마 미국에 비해 상대적으로 안정세를 보이고 있는 물가는 다행스러운 일입니다. ECB 역시 2024년 12월 수정 경제 전망을 통해 2025년에는 소비자물가 상승률이 2.1%로 ECB 물가 목표선에 바짝 다가설 것으로 전망했습니다. 따라서 이미 2025년 들어 두 차례 0.5%p 추가 금리인하를 단행한 ECB가 추가로 기준금리를 인하할 가능성은 커 보입니다.

미국 연준의 경우 트럼프발 상호관세가 물가에 미치는 충격을 지켜봐야 하는 입장이어서 2025년에도 상당기간 금리인하 속도 조절에 나설 여지가 커지고 있음을 고려하면 ECB 간 금리인하 사이클은 동조화에서 차별화로 변화할 여지가 있습니다.

중국 역시 2025년 통화 완화 기조를 이어갈 전망입니다. 2024년에도 경기부양을 위해 지급준비율 및 기준금리를 인하한 바 있지만 2025년에는 더욱 공격적인 통화 완화 정책을 추진할 가능성이 높습니다. 2025년 경제 정책 방향을 결정하는 중앙경제공작회의를 앞두고 중국 지도부가 내수 촉진을 위해 "보다 적극적인 재정 정책과 적당히 온건한 통화 정책을 이행해야 한다"고 밝힌 점에 주목해야 합니다. 적극적인 재정 정책도 주목되지만 통화 정책 기조의 전환이 더욱 눈에 띕니다. 중국은 2008년 글로벌 금융위기 이후 '적당히 온건'한 통화 정책 기조를 유지하다가 2010년 말부터 '신중한' 통화 정책 기조로 전환한 바 있습니다.

중국 지도부가 이처럼 통화 정책 및 재정 정책 기조를 전환한 배경에는 당연히 현재의 경제 부진, 특히 내수 부진에 따른 디플레이션 리스크를 해소하기 위한 것입니다. 더욱이 트럼프 2기 정부 출범과 함께 대중국 고율 관세 부과 등 강력한 경제 제재에 대비하려는 차원으로 보입니다.

재정 정책과 관련해서는 전인대를 통해 적극적인 의지를 밝힌 바 있고 상황에 따라서는 추가로 재정부양책이 실시될 것입니다. 물론 재정부양 규모가 시장의 기대를 충족시킬 수 있을지는 미지수지만 중국 지도부가 앞으로 다가올 위험에 대처하기 위해 더욱 유연한 재정 및 통화 정책 기조를 유지할 것으로 기대됩니다. 미국, 유럽연합 및 중국이 동시에 통화 완화 기조를 유지한다면 2025년에도 유동성 흐름은 양호할 것이고, 이는 주식시장 등 각종 자산시장에 긍정적인 영향을 미칠 것입니다.

│ 유동성과 미국 예외주의는 증시를 춤추게 한다

유동성 흐름을 되새겨 보면 2022년 미국 금리인상 사이클로 글로벌 유동성이 위축되면서 주요 자산가격도 조정되었습니다. 그러나 2023년 말부터 물가상승률 둔화, 소위 디스인플레이션 현상이 가시화되면서 위축되었던 유동성이 다시 활성화되었죠. 2023년 말 주식시장은 물론 모든 자산가격이 동반 상승하는 에브리싱 랠리의 원인에는 유동성 효과를 무시하기 어렵습니다. 팬데믹 당시 풀린 대규모 유동성은 미국 연준의 양적 긴축(Quantitative Tightening)[18]을 통해 상당부분 흡수되었지만 ECB 및 일본은행 등은 여전히 유동성을 풀고 있고, 최근에는 중국

---

18   중앙은행이 매입한 채권의 만기가 다가왔을 때 재투자하지 않거나 보유하던 채권을 만기 전에 매각해 시중 유동성을 흡수하는 것을 뜻한다. 양적 완화(Quantitative Easing)의 반대 개념이다.

인민은행마저 완화적인 통화 정책을 추진하고 있어 시중에 유동성은 풍부한 상태입니다.

더욱이 2024년부터 주요국 중앙은행의 동시적 금리인하는 시중에 유동성을 더욱 넘쳐나게 하고 있습니다. 전 세계 유동성 규모를 정확히 추측하기는 어렵지만 글로벌 내 유동성이 양호함을 뒷받침하는 중요 신호 중 하나는 신용스프레드[19]의 안정세입니다. 미국 연준의 금리인상으로 신용스프레드 역시 상승하면서 자금난 혹은 신용경색에 대한 우려가 제기되기도 했지만 연준의 금리인하 기대감이 본격화되면서 신용스프레드는 급속히 하락했습니다. 자금을 빌리기가 용이해졌다는 의미로 받아들일 수 있는 것이죠. 유동성이 풍부하고 자금 차입도 수월해지면서 안전자산보다 주식, 가상화폐 등 위험자산으로 투자금이 재차 유입되고 있는 것입니다. 물이 높은 곳에서 낮은 곳으로 흘러가듯 고금리 상황이 종료되면서 고금리 상품에 몰려 있던 유동성 혹은 기회를 보면서 잠자고 있던 유동성이 금리인하 신호탄과 더불어 각종 자산에 투자된 것입니다.

중요한 것은 2025년 글로벌 유동성 환경은 주요국의 통화 정책 완화 기조로 인해 양호할 것으로 기대됩니다. 그러나 유동성 자체는 풍부하지만 트럼프 관세 정책 등 트럼프발 리스크가 유동성을 일시적으로 위축시킬 개연성이 커지고 있음은 경계해야 할 부분입니다.

---

19   국고채와 회사채 간 금리 차이. 신용스프레드가 커졌다는 것은 기업들이 자금을 빌리기가 어려워졌다는 것을 의미하며 자금 조달이 힘들다는 뜻이기도 하기 때문에 신용스프레드는 국가의 신용 상태를 나타내는 지표로 사용되기도 한다(KDI 시사용어사전).

2년 연속 미국 증시가 두 자리 상승률을 기록했고 2025년 트럼프 대통령 취임 이후 정책 불확실성 등으로 미국 증시가 급등락 중이지만 미국 주가 상승세가 완전히 마무리되었다고 판단하기도 이릅니다. 트럼프발 혼란에도 불구하고 증시 강세론이 아직 우위에 있는 배경에는 미국 경제 예외주의 현상 재개와 완화적 통화 정책 기조가 중요한 요인으로 작용하고 있습니다.

미국 증시가 3년 연속 상승 랠리를 이어가는 경우는 간혹 있지만 연간 상승률 20% 이상으로 지속되는 경우는 매우 이례적인 현상입니다. 과거 미국 증시의 이러한 상승률 랠리 사례는 1995~99년 기간 중으로 같은 기간 S&P500 지수는 5년간 매년 20% 이상의 상승률을 기록한 바 있습니다. 이 시기 미국 주가의 강한 상승 랠리 이유 또한 현재와 유사한 미국 예외주의와 더불어 IT 투자 붐으로 상징되는 기술혁신 사이클, 안정적인 통화 정책 기조였다는 점에 주목할 필요가 있습니다.

1990년을 전후로 한 구소련 체제 붕괴와 동서독 통합 등으로 유럽 경제가 장기 부진의 늪에 빠졌고 아시아 경제 역시 일본 버블 붕괴에 이은 아시아 외환위기로 휘청거렸지만 미국 경제는 인터넷 빅사이클을 등에 업고 강한 경제를 유지할 수 있었습니다.

또 하나 이 시기 미국 증시가 강한 상승을 이어갈 수 있었던 원동력은 금리인하 사이클에 있었습니다. 미국 연준은 1995년 7월부터 금리인하를 시작해 1996년 1월까지 0.75%p의 금리인하를 단행하였고 이후에는 IT버블 붕괴 직전이었던 1998년 말까지 5.25~5.5% 수준의 기준금리를 유지했습니다. 고금리 수준이라고 할 수도 있지만 급격한 변화가

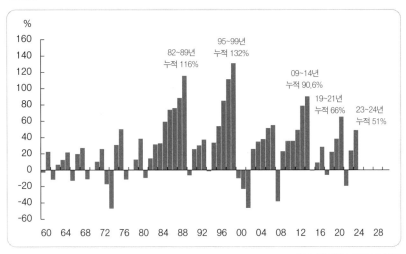

그림14 주요 경기확장 기간별 S&P500 지수 누적 상승률 추이

출처: 블룸버그, CEIC, iM증권

없는 안정적인 금리 정책 기조 유지가 증시는 물론 경기에 우호적인 영향을 미친 것입니다.

1990년대 중반 증시 사례에서 보듯 미국 경제 예외주의 현상은 다소 주춤거리고 있지만 이는 일시적 현상에 그치고 상당기간 경제 예외주의 현상은 이어질 공산이 큽니다. 특히 트럼프 2기 초반 정책 불확실성이 해소된다면 미국 경제 예외주의 현상은 더욱 심화될 것으로 전망합니다. 무엇보다 감세 정책은 물론 규제 완화가 미국 예외주의를 지탱하고 있는 기술혁신 사이클에 힘을 더해줄 것이기 때문입니다.

감세 조치도 미국 경제의 성장 탄력에 힘을 더해줄 것으로 보입니다. 미국 경제 예외주의 현상이 다시 복원된다면 자연스럽게 달러도 재차 강세 전환하면서 글로벌 자금의 달러 자산 선호 현상을 강화시켜 미국 경제와 산업 성장에 긍정적인 기여를 할 것입니다.

팬데믹 이후 현재 진행 중인 이번 경기확장 국면에서 미국의 GDP 누적 증가율을 보면 2024년 4분기 말 기준으로 21.8% 수준입니다. 1990년대와 같은 미국 경제 사이클이 재현된다면 미국 예외주의를 바탕으로 한 미국 경제의 추가 성장세를 기대할 수 있고, 이는 미국 증시의 추가 랠리로 이어질 것입니다.

선택이 수익률을 좌우한다: 흔들림은 있겠지만 대세는 미국, 그리고 기술혁신 사이클

2024년 최대 승자는 미국과 M7으로 대변되는 기술혁신 사이클이었음은 분명합니다. 그렇다면 이후에도 지금과 같은 추세가 유지될까요? 그 대답은 '그럴 가능성이 매우 높다'입니다.

2025년 트럼프 2기 정부 출범과 함께 의외로 미국 기술주는 조정을 받고 있는 반면 독일 등 유럽 및 중국 증시는 상대적으로 상승세를 보이고 있는데, 이는 트럼프 2기 정책들에 대한 불안감 때문에 나타나는 일시적 현상에 그칠 것으로 전망합니다. 결국 시간이 지나면서 미국 예외주의 현상은 글로벌 경제와 자금 흐름에 가장 중요한 이슈가 될 것입니다. 자국 우선주의 정책 강화로 상징되는 트럼프 2기 정책과 미국 연준의 금리인하 사이클 재개 그리고 중국이 부상하고 있다고는 하지만 아직은 추월할 수 없는 미국의 기술혁신 주도권은 충분히 미국 경제 예외주의 현상을 지탱해줄 것입니다. 따라서 글로벌 자금의 기술혁신 관련 주식 선호현상도 결국 지속될 것입니다.

팬데믹 발생 이전부터 미국 주식시장은 기술혁신 사이클을 기반으로 상승 랠리를 이어오고 있습니다. 미국 주식시장이 좋았지만 미국 주식에 투자한 모든 투자가가 행복한 것은 아닙니다. 주요 빅테크 기업들이 포함된 나스닥100 지수와 우량주로 구성된 다우존스 지수 간의 수익률 격차가 크게 벌어진 것에서 보듯 미국 내에서도 업종별 차별화 현상은 팬데믹 이후 심화되고 있음을 확인할 수 있습니다.

주가 상승에 따른 가격 부담으로 M7 주가가 조정을 받았지만 AI를 필두로 한 기술혁신 사이클이라는 대세는 흔들리지 않고 있습니다. 2024년 11월 엔비디아가 다우존스30 지수에 편입되었습니다. 역사적으로 다우존스30 지수에 새로운 종목이 편입된 것은 새로운 패러다임의 시작을 의미합니다. 1999년 IT 붐을 등에 업고 마이크로소프트가 다우존스30 지수에 편입된 이후 현재까지 약 10배 가까이 상승했고, 스마

그림 15 미국 주요 지수 간에 나타나는 차별화 현상

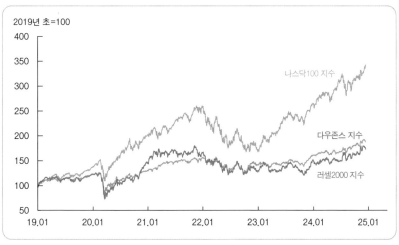

출처: 블룸버그, CEIC, iM증권

트폰과 SNS 사이클의 맹주 역할을 한 애플의 주가 역시 2015년 다우존스30 지수에 편입된 이후 8배가량 상승했습니다. AI 사이클을 상징하는 엔비디아 주가가 폭발적인 상승을 기록한 것은 분명하며 2024년 11월 다우존스30 지수에 편입됨으로써 AI 사이클의 새로운 장이 열렸음을 알려주고 있습니다.

기술혁신 사이클에 편승하는 투자 전략과 더불어 미국에 대한 투자가 오랜 기간 대세로 자리 잡을 것입니다. 미국 경제 예외주의 현상이 다시 재개된다면 이전만큼은 아니지만 미국 빅테크 기업 중심의 승자 독식 현상도 강화될 것입니다. 기술혁신 사이클과 자국 우선주의 정책은 글로벌 자금의 달러 자산 선호 및 미국 기업 투자 현상을 한층 강화시킬 것이기 때문입니다.

전 세계 주식시장 혹은 금융시장에서 미국의 역할이 막강해지고 있습

그림 16 다우존스30 지수 편입으로 새로운 사이클의 시작을 알린 마이크로소프트, 애플 및 엔비디아

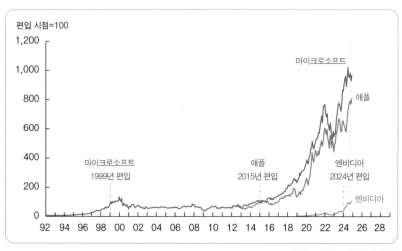

출처: 블룸버그, CEIC, iM증권

니다. 글로벌 금융위기 여파로 추락했던 미국이 미-중 갈등 속에서도 기술패권의 주도권을 장악하면서 미국 금융시장의 위상은 글로벌 금융위기 이전 수준 이상으로 복원되었습니다. 전 세계 주식 시가총액에서 미국 기업의 시가총액이 차지하는 비중은 이미 50%를 넘어섰습니다.

물론 딥시크 출현으로 미국의 승자독식 게임의 판도에 다소 변화가 감지되고 있지만 우량 기술혁신 기업을 보유하고 있는 미국 주식시장을 대적할 수 있는 시장이 단기간에 나타날 가능성은 크지 않습니다. 어찌 보면 AI 사이클 붐이 사그라지기 전까지 미국 주식시장은 전 세계 금융시장을 쥐락펴락하는 현상이 지속될 것입니다. 따라서 미국 투자가 높은 수익률을 얻거나 가장 안전한 투자처가 될 것은 분명합니다.

| 예상치 못한 유동성 리스크를 경계하라

장밋빛 미래가 언제나 유지될 것 같지만 예기치 못한 위험은 늘 도사리고 있습니다. 미국 예외주의 및 증시 랠리가 당장 물거품처럼 사라질 가능성은 크지 않다 하더라도 2025년 경계해야 할 리스크도 분명 존재합니다.

첫째, 소수 종목의 과도한 시장지배력과 단기 과열 리스크입니다. 미국 증시의 상승 랠리 특징 중 하나는 소수 빅테크 기업의 주식이 증시를 주도하고 있다는 점입니다. 물론 1960년대와 90년대에도 일부 소수 종목이 증시를 견인했던 사례는 있었지만 이번 랠리에서 M7의 시장 장악력이 유독 강합니다. 기술혁신 사이클이 소수의 기업을 중심으로 한 승자독식 게임이지만 M7 종목으로만 증시가 강한 랠리를 보이는 데는 한계가 있을 수 있습니다. M7 주도의 랠리가 여타 종목 및 업종으로 확산되는 것이 필요할 뿐만 아니라 또 다른 기술혁신을 이끌 기업들이 연속적으로 출현해야 합니다. 만약 그렇지 못할 경우 큰 폭은 아니지만 단기 과열 리스크에 따른 조정이 나타날 개연성은 존재합니다.

둘째, 통화 정책 리스크입니다. 2025년 미국 증시의 추가 상승 랠리의 동력 중 하나는 완만한 통화 정책 기조의 지속에 있습니다. 미국 연준의 금리인하 사이클이 추가로 진행되어야 미국 경제와 증시의 추가적인 랠리도 가능할 것입니다. 미국 연준이 이미 금리인하 속도 조절에 들어섰고 끈적거리는 물가와 트럼프 정책 리스크도 연준의 통화 정책 기조에 발목을 잡을 여지는 도사리고 있습니다. 트럼프 대통령 취임과 함께 파월 의장과 금리인하를 둘러싼 힘 겨루기가 일부 나타난 것도 이후 미국 연준의 통화 정책 불안감을 증폭시킬 수 있고, 이는 연준의 의도와 달리 국채 금리 상승의 원인으로 작용할 수 있습니다.

셋째, 트럼프 정책 조합 리스크입니다. 트럼프 공약에 대한 금융시장 내 긍정론도 있지만 양립하기 힘든 공약들도 분명 존재합니다. 기업 감세 및 관세 인상을 추진하면서 과연 저물가-저금리를 동시에 달성할 수 있을지는 아직 불확실해 보입니다. 또한 대규모 불법 이민자 추방을 예고하고 있지만 팬데믹으로 촉발되었던 미국 고용시장의 수급 불균형 완화에는 불법 이민자를 포함한 이민자 증가가 큰 역할을 했습니다.

따라서 불법 이민자 추방이 자칫 고용시장의 수급 불균형 현상을 재현, 즉 임금 상승 등의 부작용을 초래할 수 있습니다. 이는 결국 농산물 가격 등에도 부정적인 영향을 줄 수 있습니다. 미국 내 대규모 농장에

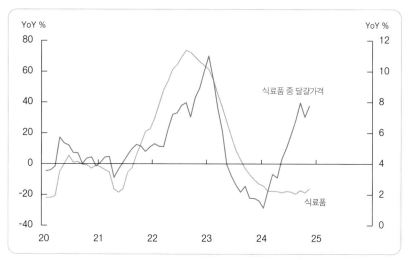

그림 17 미국 소비자물가 중 달걀가격 추이

출처: 블룸버그, CEIC, iM증권

서 일하고 있는 근로자들의 상당수는 불법 이민자로, 자칫 농장에서 일하는 근로자 부족으로 농산물 및 식품가격이 급등하면서 물가 안정 기조가 흔들릴 여지도 충분하다고 할 수 있습니다. 최근 고병원성 조류인플루엔자로 미국 내 달걀가격이 급등하면서 식료품 물가가 상승한 것 등을 그냥 무시하기는 어렵다는 생각입니다.

참고로 미국 농무부에 따르면 2018~20년 농장 근로자의 36%만이 미국 시민권자였고, 23%는 허가를 받은 이민자들 그리고 나머지 41%는 취업 허가를 받지 못한 근로자들인 것으로 알려져 있습니다.[20] 대규모 불법 이민자 추방이 임금뿐만 아니라 밥상 물가에도 큰 영향을 미칠 가

---

20 〈한국경제신문〉, 2024년 11월 19일자 기사 참조.

능성은 배제할 수 없습니다.

실제로 상호관세를 둘러싼 트럼프 대통령의 극단적 행보가 근래에 경험하지 못한 금융시장 변동성과 조정으로 현실화된 것은 트럼프 2기 정부의 우려했던 정책 불확실성을 그대로 보여주고 있는 것입니다. 이밖에도 내각 인선이 주로 충성파를 중심으로 이루어지고 있어 과연 정책 조율을 할 컨트롤타워가 존재할지도 트럼프 2기 정부가 안고 있는 리스크라 할 수 있습니다.

넷째, 캐즘 현상 장기화 가능성입니다. 일시적 수요 둔화 현상으로 일컬어지는 캐즘 현상이 완화될지도 증시 흐름에 중요한 변수가 될 것입니다. 신제품에 대한 수요 확대 흐름이 나타나지 않는다면 기업들의 투자는 위축될 수밖에 없습니다. 미국 경제 예외주의의 근간은 강력한 기업 투자 사이클에 있음을 고려할 때 캐즘 현상의 해소 혹은 대중적 신제품의 출현은 매우 중요합니다. 관련하여 전기차 보조금 중단 및 삭감 등으로 미국을 위시한 선진국은 전기차 수요가 정체 상황인 반면에 이머징시장을 중심으로는 전기차 수요가 증가하고 있습니다. 그리고 그 시장을 저가의 중국산 전기차가 선점하는 추세라는 것은 일부 신기술부문에서 중국이 새로운 진입장벽을 쌓고 있음을 시사합니다. 미국의 기술패권 주도력 및 경제 예외주의가 도전을 받을 수 있고, 이는 미국 빅테크 주가의 조정으로 이어질 수 있습니다.

마지막으로 지정학적 리스크 해소 지연입니다. 트럼프 대통령은 취임과 동시에 러시아-우크라이나 전쟁을 끝낼 수 있다고 자신했습니다. 정말 러시아-우크라이나 전쟁 등 각종 지정학적 리스크가 해소된다면 유가 안정을 바탕으로 물가 안정까지 이어질 것입니다. 그러나 트럼프 대통령의 생각과 달리 지정학적 리스크가 장기화된다면 물가 불안으로 트럼프 2기 공약 추진에도 차질을 빚을 가능성이 잠재해 있습니다.

미국 증시는 예외주의와 통화완화 기조를 기반으로 상승을 이어갈 것으로 기대하지만 이러한 상승을 위협할 리스크도 잠재해 있음을 경계할 필요가 있습니다.

지금 '글로벌 주식회사'는 사내 권력투쟁이 최우선 과제… 최대 주주가 선임한 CEO는 도널드 트럼프!

권애리 SBS 기자

도널드 트럼프만큼 세간에 그 이름이 자주 오르내리는 미국 대통령은 드물다고 할 수 있을 것입니다. 미국 대통령이 세상에서 가장 주목받는 정치 지도자인 것은 분명합니다. 하지만 이 정도로 파격적인 행보를 거듭하면서 '개인적 돌출 행각'이 곧 세계 정치·경제의 흐름을 좌우하는 것처럼 보이는 미국 대통령을 우리는 경험한 적이 없습니다.

과연 트럼프 개인의 '개성'이 지금의 세계 경제를 뒤흔들고 있는 것일까요? 박상현 iM증권 전문위원이 정리한 '트럼프 2기, 급변하는 글로벌 경제'에서는 어쩌면 그렇지 않을지도 모른다고 설명합니다.

트럼프 대통령 개인의 몇몇 특이점들이 지금 우리가 보고 있는 세계 경제의 어떤 움직임들을 가속화시키고 있을지도 모릅니다. 하지만 그 움직임들 자체는 우리 시대가 맞닥뜨린 필연적 모퉁이에서 시작됐다고 보는 게 더 옳을 것입니다. 동시대 미국인들이 트럼프를 원하지 않았다면 그가 4년을 건너뛰어 4년 전보다 훨씬 더 강력한 지지를 받으며 미국 대통령이 되는 일은 일어나지 않았겠죠. 마치 닭이 먼저냐 달걀이 먼저냐 같은 상황인 것입니다.

그렇다면 동시대 미국이 마주친 그 필연적 모퉁이란 도대체 어떤 지점일까요? 한 줄로 축약하자면 '더 이상 중국이 추격해 오지 못하도록 막아야 할 시점'입니다. 게다가 이 시점은 '또 한번의 기술혁신이 임계점에 도달한 순간'과 절묘하게 맞물려 있습니다.

미국이 정치적으로는 자유민주주의, 경제적으로는 자유무역과 금융을 통해 더욱 더 큰 번영을 구가하기 위해서는 중국을 끌어들일 필요가 있었습니다. 중국은 미국의 용인하에 21세기의 시작과 함께 WTO에 가입하고, 세계의 공장이자 점점 더 큰손 고객으로 성장해 왔습니다. 중국에서 만들어내는 값싼 물건에 지난 20여 년간 전 세계 많은 사람이 물질적 풍요를 누릴 수 있었습니다. '중국인 고객'이라는, 과거엔 존재하지 않았던 집단이 등장하면서 세계의 자본주의는 더욱 팽창했습니다. 단적인 예로, 유럽 명품회사들은 중국인들의 취향에 맞춘 제품들을 앞다퉈 내놓았고, 한한령(限韓令) 이전까지 한국의 관광산업도 일찍이 경험한 적 없던 전성기를 구가한 것처럼 말이죠. 생산이 늘어나는 만큼 소비할 누군가가 늘어나는 시대가 이어졌다는 얘기입니다.

하지만 1대 주주가 2대 주주를 끌어들여 사업을 확장시키려고 노력하는 건 어디까지나 2대 주주가 1대 주주를 위협할 수 없는 위치에 머무를 때까지입니다. '이대로 두었다가는 자칫 1대 주주가 교체될 수도 있을 것 같다?' 그렇다면 1대 주주는 어떤 희생을 치르더라도 2대 주주의 지분을 억누르려고 할 것입니다. 그것이 동시대 미국이 맞닥뜨린 숙제라는 점을 해당 파트에서는 지적하고 있는 것입니다(040쪽 '다운사이즈 경제' 참조).

전 세계를 하나의 주식회사라고 생각해보죠. 미국과 중국이 최대한 협업하는 주식회사에서는 그저 더 많은 사업을, 더 많은 프로젝트를 추진해 규모와 내실을 키우면 됐습니다. 회사가 돈을 전보다 점점 더 잘 벌고 있으니까, 이것

저것 신사업이며 투자 프로젝트들도 벌려 놓았습니다. 그런데 이 회사 안에서 최대 주주(미국)가 호시탐탐 자기 자리를 넘보는 2대 주주(중국)를 견제하기 시작한 겁니다. 설사 더 큰돈을 벌 수 있는 기회가 눈앞에 보이더라도 2대 주주에게 좀 더 힘을 실어줄 것 같은 사업이라면 엎어지게 만들어야 합니다. 최대 주주의 현재 목표는 해당 회사 제품의 고객을 늘리는 것이 아니라 2대 주주를 확실하게 누르는 것입니다. 거래처를 몇 개 잃는 것 정도는 문제가 되지 않습니다. 오히려 2대 주주가 줄을 대서 뚫어놓은 거래처라면 관계를 끊을 태세입니다. '글로벌 주식회사'의 매출 위축, 사업 위축은 피할 수 없습니다.

2대 주주의 입김이 큰 부서들이 잔뜩 주문한 물품들은 최대 주주 눈치를 보며 재고 처리를 해야 하는 경우도 생깁니다. 몰래 '패밀리 세일'을 통해서라도 팔아보지만, 잘 나가던 시절 잔뜩 키워 둔 생산라인에서 또 막대한 양이 밀려나옵니다(중국의 제조/수출 과잉). '글로벌 주식회사'의 팽창에 제동이 걸려 매출이 하락하자 연말 보너스는 생각도 못합니다. 보너스로 구입하려 했던 초대형 TV, 고급 침대 같은 건 일단 소비 계획의 밑바닥에 다시 고이 접어두게 됩니다. 이 회사의 보너스 시즌을 기다려 장사하던 가게들도 비상이 걸릴 수밖에 없습니다(전 세계 생산/소비 위축).

사실 보너스는 문제도 아닙니다. 수익이 좋을 때 전망해둔 향후 매출 계획에도 차질이 생깁니다. 그 계획에 맞춰 키워둔 회사 규모를 매끄럽게 유지할 방법도 마땅치 않습니다. 그때 충원한 직원들은 또 어떻게 하죠? 지금 짓고 있는 공장은 어떻게 해야 할까요? 아무래도 인력이나 시설 감축이 필요해 보입니다. 맞습니다. 다운사이즈 경제의 고통입니다. 그런데 마침 이 회사는 앞으로의 '백년지대계'를 좌우할 신기술을 개발 중에 있었습니다. 이 기술만 잘 활용하면 10명이 100시간 들여 만들 수 있던 제품을 1명이 30분 만에도 만들어낼 수 있다고 합니다. '어째 좀 의심스러운데?' 모종의 회의론이 암암리에 돌고 있었는데, 갑자기 개발부서에서 "올해 안에 될 것 같아요!"라는 보고서를 올리기 시작합니다. 임원진이 개발부서를 방문해 보니 아직 내부 상황이긴 하지만 정말 눈이 휘둥그레질 정도의 속도로 뭔가 진행되고 있더란 말이죠. 네, 이게 바로 'AI 개발 열풍'입니다.

누구의 주도로, 어떤 방식으로 저 기술이 개발되고 특허를 내느냐에 따라 자칫 이 회사의 권력구도가 급변할 수 있어 보입니다. 설사 회사 내에 별다른 경쟁구도가 형성되어 있지 않았던 때라도 보통 일이 아니라는 걸 감지할 만한 시기입니다. 그런데 이 신기술의 키를 쥐고 있는 핵심 사원이 2대 주주 쪽에 줄을 서면 어떡하죠? 마침 최대 주주는 '2대 주주를 지금 누르지 않으면 다음 이사회에서 뒤통수 맞겠는데!' 하며 벼르고 있고, 2대 주주는 '지금 이 시기만 잘 넘기면 내가 이 회사 먹을 수 있을 것 같은데? 좀만 더 참고 기회를 보자' 하던 시기입니다. 그야말로 판이 바뀌느냐 마느냐의 결정적 시점에 그 판을 확실히 결정할 열쇠가 등장합니다. 어떻게든 '남의 편'이 이 기술에서 우위를 점하지 못하게 해야 합니다. 그러면서 최대한 빨리 이 기술을 내 것으로 만들어야 합니다.

그동안 성장만 거듭하던 시기에는 가려졌던 문제들이 이제는 서서히 노출되기 시작합니다. 회사의 재무적 문제로 잔뜩 빌려 썼던 부채가 불안 불안합니다(미국과 중국의 재정수지 적자). 신선한 새내기 신입사원 확충도, 새 고객 확충도 어렵습니다. 기존의 고객장부만 있지 더 늘릴 곳이 보이지 않습니다(고령화). 그동안 2대 주주 쪽 임원이 지휘해 온 조립라인과 협업하면서 언뜻 실적이 늘어난 것처럼 보였던 부서들은 사실 병들기 직전이라고 하소연하기 시작합니다(한국 같은 제조업 강국들). 완성품 조립라인(중국)에 '이것과 저것을 조립해' 하면서 핵심 부품들을 던져주던 부서들인데, 이 조립라인이 최대 주주 쪽 임원한테 견제를 당하더니 자기 라인 안에서 핵심 부품도 다 만들 수 있다고 나서거든요. 사실 최근 최대 주주의 견제가 없었더라도 조립라인의 파워가 커지면서 슬슬 기미가 보이기 시작하던 중이었습니다. 어차피 시간 문제였을 뿐이라는 겁니다. 점점 더 위세를 떨치는 조립라인을 그대로 뒀다가는 이쪽 부서가 언젠가 통폐합될 수도 있겠다는 그림까지 그려지던 시점이었죠(한국의 제조업 경쟁력이 중국에 잠식되는 상황).

회사가 팽창할 때는 이런 문제들이 수면 위로 드러나지 않았습니다. 하지만 지금은 매출이 위축돼도, 고객과 연을 끊는 한이 있어도, 최대 주주와 2대 주주 간의 서열 정리가 끝나야 하는 시점입니다. 그 서열 정리를 결정지을 핵심의 한 방! 온 회사가 숨죽여 지켜보는 신기술에 대한 처리가 어떻게 진행될지 눈치싸움이 뜨거운 시점이기도 합니다. 여기에 모든 초점이 맞춰지다 보니 더 이상 앞에서 언급한 문제들을 감추기 어렵게 되었습니다. 바로 이때 '글로벌 주식회사'의 최대 주주가 고용한 CEO가 트럼프인 것입니다. 트럼프 1기 때는 일단 적당한 눈치싸움 정도에서 이 분위기가 끝났습니다. 하지만 2기에서는 권력 투쟁의 피바람이 불 수 있겠다! 그것이 지금의 '트럼프발 관세 전쟁'을 바라보는 시각입니다.

회사의 매출을, 규모를 키우는 게 목표일 때는 우리가 아는 경제 논리가 통했습니다. 하지만 '사내 권력투쟁'이 목표가 돼서 언뜻 보기엔 두 주주가-특히 최대 주주가-회사를 해하는 행위도 서슴지 않는 지금은 기존의 경제 논리, 시장 논리들이 통하지 않습니다. 트럼프의 미국이 움직이는 세계에선 기존의 교과서에서 배운 법칙들이 무력해진다는 것입니다.

앞에서 설명하고 있는 최근의 시장 현상 중 가장 이해가 어려운 부분은 '더욱 치열해질 환율 전쟁(022쪽)'에서 언급한 환율과 비트코인에 대한 설명일 것입니다. 달러 외 통화들의 환율 약세 경쟁이 나타날 가능성에 대한 진단이 독자들 입장에서는 조금 헷갈릴 수 있습니다. "아니, 요새 달러는 비싸지고 원화 가치는 떨어져서 미국 한 번 가고 싶어도 못 가고 얼마나 힘든데 여기서 원화가 더 싸지길 바란다고?" 이러한 의문에 대해 한번 더 생각해보면 이해가 좀 쉬울 것입니다. 트럼프가 "미국으로 수출하고 싶으면 우리에게 세금을 내! 관세를 내!"라고 요구할 경우 미국에 수출하는 나라들은 잘 생각해야 합니다. "우리 물건이 미국 안에서 더 비싸게 팔리겠는데? 자칫 잘못하면 이웃나라가 파는 경쟁상품이나 미국 내 생산품보다 더 비싸지겠는데? 그 정도까진 아니더라도 우리 물건이 그동안 저렴한 편이었다는 장점이 훼손될 수 있겠는 걸? 우리 물건이 비싸봤자 미국이 세금으로 다 거둬가지, 비싸진 만큼 우리가 돈을 더 받는 것도 아니잖아. 그러면 어쩔 수 없이 우리 돈의 가치를 달러 대비 더 낮춰서 그동안 가성비 좋다는 소리를 듣던 우리 제품의 그 경쟁력, 가격경쟁력이라도 유지해야겠구나." 이렇게 될 수 있다는 얘기입니다.

비트코인 부분은 좀 더 까다롭습니다. "미국 정부의 빚을 비트코인으로 어떻게 갚는다는 거지? 어떻게 코인으로 달러 패권을 유지하려 한다는 거지?" 일단 이 코인에 대한 설명 부분은 스테이블코인과 비트코인으로 나눠서 살펴볼 필요가 있습니다.

먼저 비트코인은 기존의 국가 통화들로 환산될 때 역시 달러 환산이 기본입니다. 이에 더해 매장량이 한정된 금처럼 발행량이 정해져 있어서—원래 금에 1대 1로 연동하겠다며 기축통화로서의 가치를 인정받았지만 스스로 그 연동을 끊어서 '무제한 자가증식'이 가능해진—달러처럼 훼손될 일도 없습니다. 그러니까 이 비트코인을 미국 정부가 전략자산으로 비축함으로써 일정량을 확보하는 식으로 꽉꽉 밀어주면, 비트코인의 가치가 올라가는 것만으로도 미국 정부가 가진 자산 가치가 올라가게 돼 달러로 진 빚을 줄이는 효과를 얻을 수 있다는 계산이 나온 것입니다. 간단히 말해, 1비트코인이 지금처럼 8~10만 달러를 오가는 수준이 아니라 만약에 80~100만 달러를 오가게 되면? 미국 정부가 비트코인을 많이 챙겨 가져간 뒤에 이 정도의 가치 상승이 나타나면 미국 정부의 달러 빚은 비트코인으로 환산했을 때 지금의 10분의 1로 줄어드는 효과가 생긴다는 설명인 것입니다.

스테이블코인은 달러와 1대 1로 가치가 연동되도록 발행한 코인입니다. 물론 다른 통화에도 연동시키려면 얼마든지 연동시킬 수 있고 실제 그런 경우도 있습니다. 하지만 지금 코인업계에서는 사실상 달러 연동 코인만을 스테이블코인으로 인정하고 있습니다. 즉 스테이블코인이 달러 지배력의 확장을 담당하는 기능을 할 수 있다는 것입니다.

트럼프 대통령이 원하는 '제조도, 소비도, 미국이 다 하는 시대'를 한 번 상상해 보세요. 미국이 물건을 한국이나 중국 같은 외부에서 사오는 것이 아니라 미국 안에서 만들어 쓰고, 미국 밖으로 팔기까지 하는 시대. 미국이 지금 같은 무역적자를 해소하고 흑자를 보는 세상. (사실 그런 세상이 정말 가능할지는 미지수이긴 하지만) 그렇게 되면 세상은 계속 돈을 미국으로 보내게 됩니다. 미국으로부터 나가는 돈은 줄어들고 들어오는 돈만 많아지는 것이죠. 달러가 계속 미국 안으로 잠길 수 있다는 겁니다. 그런데 달러가 더더욱 무거워지고 비싸지고 미국 안에 쌓이기만 하면… 달러가 세계의 기축통화 역할을 제대로 할 수 있을까요? 애초 기축통화국의 목표는 트럼프 대통령이 말하는 것처럼 '수출'이 될 수 없다는 게 바로 이런 부분을 지적하는 얘기입니다. 트럼프 대통령의 핵심 지지기반인 미국 내 쇠퇴한 제조업 지역이나 농업 지역에선 단기간 환영하는 모습이 나타날지도 모르지만, 달러가 기축통화로 세계 지배력을 유지하며 전 세계를 원활하게 순환하는 모습은 훼손될 수 있습니다. 세계 최강대국인 미국이 "뭐든지 우리가 우리 안에서 다 할 거야!"라고 말로만 부르짖는 게 아니라 정말 이를 시도해 조금만 성공한다고 해도 스스로의 기반을 훼손하는 상태가 도래할 수 있다는 역설입니다.

여기에 스테이블코인이라는 변수를 활용한다면? 달러에 1대 1 가치로 연동되는 코인이 세상을 원활하게 도는 것만으로도 달러의 지배력이 유지, 확장될 가능성이 커질 수 있는 상황을 만드는 것. 이것이 지금 미국 내 일각의 계산이란 것입니다. 이런 방식으로 트럼프 2기 정부가 그 자신의 모순을 해결하려고 시도할 가능성이 있다는 부분을 해당 파트에서는 설명하고 있습니다.

PART
2

금융과 투자 측면에서 보는
글로벌 경제 전망

하나증권 해외주식분석실장

박승진

지금의 글로벌 시장은 팬데믹과 높은 인플레이션, AI의 성장, 트럼프 대통령 재집권까지 다양한 변수들이 연이어 등장하고 있으며, 새로운 변수들의 영향으로 과거와 다른 경제 패턴들이 나타나고 있는 상황입니다. 이에 PART 2에서는 급변하고 있는 글로벌 경제에 있어 중요하게 살펴봐야 할 금융과 투자 측면에서의 전망을 정리해보고자 합니다.

2025년은 정책과 심리적 경계가 더해지며 물가는 쉽게 안정되지 못할 것으로 예상될 뿐만 아니라 AI 산업은 서서히 고용시장에 침투 중입니다. 관세 이슈가 아니더라도 높아진 물가 수준과 퀄리티가 훼손된 고용 상황을 반영하는 경제지표들이 엇갈린 방향성을 보일 것으로 전망합니다. 이로 인해 금리와 환율의 변동성이 확대되는 모습을 보이겠지만, 시간이 지나면서 미국과 글로벌 각국의 모멘텀이 교차되고 금리와 달러화는 점차 안정될 것입니다.

암호화폐시장도 등락을 반복한 후에 금융시장 환경 변화와 규제 완화 조치 등을 발판으로 강세 흐름을 이어갈 것으로 보입니다. 다만 규제가 정리되는 과정에서 핵심 코인들과 알트코인들의 차별화 현상이 나타날 수 있겠습니다. 금 역시 꾸준한 수요 가운데 매력을 유지할 전망입니다.

미국 연준의 통화 정책 변화 가능성: 과거와 다른 환경과 패턴

│ 연준의 정책금리 인하, 그리고 의구심

팬데믹 이후 미국 연준이 끈질기게 외쳤던 고금리 환경의 '더 높은 기준금리를 더 오래(Higher for Longer)' 상황은 2024년 9월 열린 FOMC를 통해 마무리되었습니다. 하지만 금리인하가 재개되기 시작한 지 그리 오래되지 않았음에도 불구하고, 트럼프 2기의 시작과 더불어 물가에 대한 불안감과 금리인하에 대한 의구심들이 또다시 형성되고 있습니다. 트럼프 정부의 관세 정책, 이민자 제한 정책 등은 인플레이션 발생 요인으로 작용할 수 있고, 향후 진행될 것으로 예상되는 감세와 규제 완화 등의 친기업 정책들은 견고한 경제 성장 흐름을 지속시키면서 물가 상승 압력을 높일 수 있기 때문입니다.

이러한 상황에도 불구하고 연준의 금리인하 기조는 더 조심스럽게 진행될 가능성이 높아 보입니다. 유례없는 수준의 공급발 인플레이션 요인들이 약화되었기 때문입니다. 향후 경제 성장이 진행되는 과정에서 생산 및 소비 수요가 증가할 수 있고, 이러한 수요 요인들이 더해지며 인플레이션 불확실성이 확대될 시점에 필요한 정책 대응 여력을 만들기 위해서라도, 경제 안정을 최우선 목표로 두고 있는 제롬 파월 의장의 연준은 2025년 두 차례 수준의 금리인하를 진행할 가능성이 높은 것으로 예상합니다. 관세 정책의 부담이 존재하지만, 미국 경제의 구조적 강화가 트럼프 대통령의 목표인 만큼 물가에 의한 펀더멘털 부담이 가중될 경우 정책 방향성의 되돌림이 나타날 가능성이 높습니다. 팬데믹 당시부터 진행된 인플레이션 상황과 추세 전환의 모습, 동시에 진행되었던 급격한 금리인하와 인상의 경로를 다시 돌아본다면 충분히 생각할 수 있는 방향성입니다. 채권시장(금리)의 움직임에 대한 고민을 가

그림1 주요국의 정책금리 변화 추이

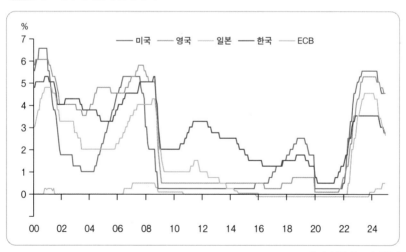

출처: 블룸버그, 하나증권

지고 통화 정책의 예상 경로를 가늠해보려면, 먼저 최근 정책 사이클에서 나타났던 현상들을 재확인할 필요가 있습니다.

│ 팬데믹 시기에 이루어진 미국의 고강도 정책 대응

미국 연준은 지난 2020년, 갑작스레 등장한 코로나19가 전 세계로 확산하며 팬데믹 국면으로 진입하자 경제 충격을 방어하기 위해 강도 높은 금리인하 조치를 취했습니다. 유례없는 속도의 대응 가운데 2020년 3월 1.75%였던 기준금리를 두 차례(3월 4일 1.75%에서 1.25%로 0.5%p 인하, 3월 16일 1.25%에서 0.25%로 1%p 추가 인하)에 걸쳐 제로금리 수준까지 낮추었고, 이러한 제로금리 기조는 금리인상이 시작된 2022년 3월까지 2년에 걸쳐 유지되었습니다.

제로금리 국면이 진행되는 동안 미국 정부는 유례없는 수준의 대규모 재정 정책을 병행했습니다. 특히 코로나19가 유행한 2020년의 경우 대통령 선거까지 치러야 하는 상황이었던 만큼 트럼프 정부(1기) 입장에서는 경제와 선거를 모두 잡아야 했습니다. 기본적인 트럼프 대통령의 성향도 재정 지출에 적극적인 면이 있었던 만큼, 미국 정부는 예상보다 빠른 시기에 기대보다 더 강도 높은 정책들을 내놓았습니다.

가계에 대한 직접적인 자금 지원과 실업수당 상향, 기업들에 대한 대출과 자금 공급 프로그램, 대출 상환 유예 조치를 비롯해 양적 완화 및 긴급 유동성 프로그램 등 불안감이 확산되기 전 한발 앞선 대응에 나서면서 불확실성을 빠르게 안정시키고자 했습니다.

물론 팬데믹의 충격은 미국인들의 실생활에도 많은 어려움을 주었지

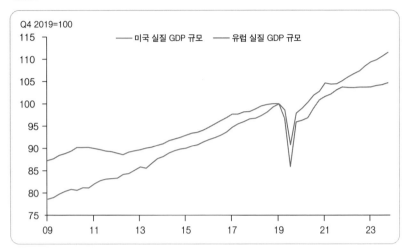

그림 2 미국과 유럽의 실질 GDP 규모 변화

Q4 2019=100

— 미국 실질 GDP 규모　— 유럽 실질 GDP 규모

출처: 블룸버그, 하나증권

만, 정책 당국의 적극적인 재정지출과 금리인하 조치는 미국 경제가 빠른 속도로 회복하는 데 크게 기여했습니다. 실제로 미국은 여느 나라보다 이른 시기에 팬데믹 이전의 경제 수준으로 돌아왔습니다.

참고로 회원국들의 합의를 통해 의사결정을 하는 구조로 인해 각국의 개별적인 상황이 반영되어야 하는 유럽중앙은행은 정책 대응 속도와 규모 관점에서 미국과 차이가 있을 수밖에 없고, 결과적으로 더딘 회복과 한계를 드러냈습니다. 또한 재정 부양책의 한계 가운데 물리적인 봉쇄를 통해 팬데믹을 극복하고자 했던 중국 역시 기업들의 재무 구조가 악화되고, 고용 불안정이 가계의 소비 여력을 위축시키면서 회복 탄력성을 크게 훼손하는 흐름으로 연결되었습니다.

공급발 인플레이션과 예상치 못한 변수들

물론 미국 경제가 빠른 속도로 회복하는 과정에서 긍정적인 모습들만 나타난 것은 아니었습니다. 여러 부작용도 있었는데, 대표적인 것이 높은 인플레이션이었습니다. 미국의 물가상승률은 2022년 7월 전년 대비 9.1% 수준까지 상승하면서 중동발 오일쇼크로 높은 인플레이션이 형성되었던 1970년대와 비교되기도 했습니다.

물가 상승의 배경에는 크게 2가지 요인들이 순차적으로 자리하고 있었습니다. 일단 팬데믹으로 인해 나타난 물류비용 증가 및 노동력 부족 현상 등 공급 부문에서 발생한 상황이 인플레이션의 기반이 되었습니다. 코로나19의 확산 과정에서 발생되었던 다양한 형태의 이동 제한 조치들은 물류비용 상승, 운송 지연 등의 현상으로 이어졌고, 이는 원재료 가격을 끌어올리면서 최종 상품의 가격에도 영향을 주었습니다.

그림3 **주요국의 소비자물가 지수 추이**

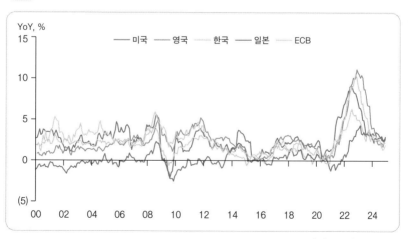

출처: 블룸버그, 하나증권

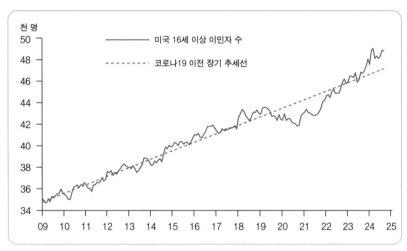

그림4 미국 내 이민자 수 변화

천 명

─── 미국 16세 이상 이민자 수

------ 코로나19 이전 장기 추세선

출처: 미국국토안보부, 하나증권

　더불어 미국을 비롯한 대부분의 국가들이 국가 간 이동을 제한하는 조치(입국 금지, 의무 격리 등)를 취하면서 이민자를 비롯한 해외 노동력의 유입이 급감했습니다. 이는 미국과 같은 선진국들의 노동력 부족 현상과 임금상승으로, 임금상승은 다시 서비스 물가의 가파른 상승 요인으로 연결되었습니다. 팬데믹 기간은 미국에서 가장 많은 파업이 진행된 시기이기도 합니다.

　사례를 찾아보기 힘든 수준의 인플레이션으로 연준은 역사상 가장 빠른 속도의 금리인상을 단행했습니다. 사실 제롬 파월 연준 의장은 2021년 하반기까지만 하더라도 "물가 상승이 일시적인 현상에 그칠 것(Inflation is elevated, but it is likely to remain transitory)"이라고 주장했습니다. 이는 2020년 12월 화이자와 모더나가 개발한 백신의 긴급 사용 승인이 이루어지고 2021년 상반기부터는 본격적인 접종이 시작되면서 앞서 발생했던 물가 상승 요인들이 제거될 것이라 생각했기 때문입니다.

그러나 2021년 11월 전파력 강한 변이가 발생하며 백신 접종에 의한 정상화 시기가 늦춰졌고, 이듬해인 2022년 2월에는 러시아-우크라이나 전쟁의 영향으로 원유, 천연가스, 석탄, 밀, 옥수수 등 주요 에너지원과 곡물 가격 상승이 더해지면서 파월 의장과 연준의 예상은 크게 빗나가게 되었습니다.

결과적으로 정책 실패에 대한 비판을 피할 수 없었던 연준은 2022년 3월부터 제로금리 영역에서 벗어나 금리인상을 시작했으며, 4회 연속 0.75%p 인상 조치(2022년 6~11월)를 포함해 2023년 7월까지 1년 4개월만에 총 5.25%p의 금리인상을 단행했습니다. 이는 과거 연준의 금리인상 사이클 중에서 가장 빠른 속도로 진행된 강도 높은 인상 조치였습니다.

│ 엔데믹이 돌려놓기 시작한 물가

백신 보급 과정에서 여러 잡음이 발생하기도 했지만, 순차적으로 진행된 백신 접종에 힘입어 코로나19는 일상생활이 가능한 수준까지 회복되었습니다. 더불어 전염병으로 인해 발생했던 인플레이션 요인들도 제자리를 찾아가기 시작했습니다.

이민자들의 재유입이 이루어지면서 서비스 물가 상승 요인으로 작용했던 인력 부족 현상이 완화되었습니다. 한동안 기업들이 필요로 하는 수요를 훨씬 밑도는 수준의 노동력 유입 추세가 지속되면서 2022년 상반기 구직자당 일자리(기업들의 구인 수요) 비율이 2배 수준까지 상승하

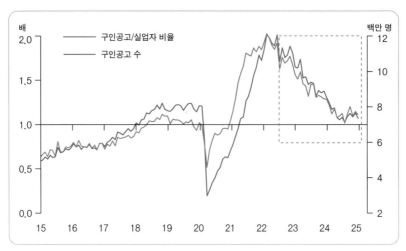

그림 5 실업자 대비 구인공고 비율은 1.07배 수준

출처: 블룸버그, 하나증권

기도 했지만, 노동 인구가 회복되는 과정에서 이제는 팬데믹 직전보다 더 낮은 1.1배로 하향되었습니다. 이렇듯 고용시장의 수급 불균형이 해소되면서 더 높은 임금을 제시하는 기업도 줄었습니다. 소득 수준을 크게 높일 수 있는 이직 기회의 감소는 자연스레 임금상승 압력을 낮추며 서비스 물가가 안정되는 흐름으로 연결되고 있습니다.

금리와 팬데믹 영향으로 과거와 다른 패턴의 가격 상승, 하락이 나타나게 된 대표적 분야 중 하나는 미국의 주택시장입니다. 제로금리 수준으로 금리가 하락하자 자금조달 비용이 낮아진 탓에 주택 구매 수요가 늘어났습니다. 당연히 주택가격도 상승했죠. 그런데 팬데믹 국면의 미국 주택가격에는 저금리에 의한 매수세 유입 확대 외에도 또 다른 현상들이 복합적으로 반영되었습니다.

전염병 이슈 특성상 이동이 제한되는 과정에서 목재를 비롯한 주택 자재 가격이 크게 상승했으며, 앞에서 설명한 노동력 부족 현상들은 인건비 급등 현상으로 나타났습니다. 당초 착수 계획과 비교하여 비용이 크게 증가함에 따라 착공 이후에 작업이 지연되는 사례가 증가한 것이죠. 예전부터 높은 상관관계를 보여왔던 주택 착공 건수와 완공 건수 간에 괴리가 발생한 이유입니다.

더불어 주택시장의 경우, 제로금리 정책이 시행되던 당시 많은 모기지(주택저당채권) 사용자들이 낮은 금리 수준에서 자금을 재조달하거나 대출 갈아타기 등을 진행했던 것도 주택시장의 수급을 왜곡하는 요인 중 하나로 작용했습니다. 2022년 3월부터 단행된 연준의 강도 높은 금리인상 진행 과정에서 주택 매매에 나서게 될 경우 크게 높아진 이자(일

그림6 미국 주택 착공 건수와 완공 건수

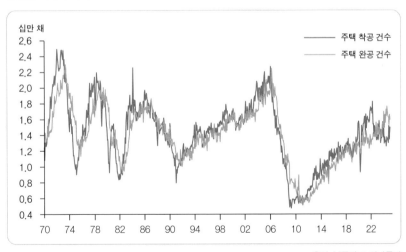

출처: 블룸버그, 하나증권

반적으로 장기 고정금리가 적용되는 모기지의 특징으로 인해)를 감당해야 하는 기존 주택 보유자들이 매물을 내놓지 않자 거래는 급격하게 위축되었습니다.

이로 인해 실수요자들은 어쩔 수 없이 공급이 부족한 신규 주택시장으로 유입될 수밖에 없었고, 물가지표에서 큰 비중을 차지하는 주택가격, 그리고 주거비용이 정상적인 상황보다 높은 수준을 유지하게 되었습니다. 최근에는 주택 완공 흐름들이 좋아지면서 미국 주택시장의 공급 또한 회복되고 있습니다. 낮은 금리에서 대출 갈아타기(리파이낸싱) 등을 진행한 주택 보유자들의 수요가 여전히 제한적인 가운데, 신규 주택의 공급이 증가하면서 주택가격과 주거비용에 의한 인플레이션 압력도 해소되고 있습니다. 이렇듯 여러 경로들을 통해 정상화되고 있는 공급부문의 물가 요인들은 미국 연준으로 하여금 정책금리를 인하하게 하는 명분을 제공한 것입니다.

트럼프 정책이 금융시장에 미치는 영향

│ 연준의 금리인하 개시

연준은 지난 2024년 9월 FOMC에서 드디어 금리인하를 단행하기 시작했습니다. 그런데 정책 방향을 돌려놓는 첫 번째 금리인하의 폭을 0.5%p로 결정했습니다. 팬데믹 기간 워낙 큰 폭의 금리인상을 단행했던 만큼 인상 사이클 내내 진행된 총 인상 폭과 비교하면 그리 크지 않아 보일 수도 있겠지만, 과거 사례를 살펴보면 연준이 첫 금리인하 결정 과정에서 0.25%p가 아닌 0.5%p 인하를 결정한 것은 특별한 의미를 부여할 수 있는 부분입니다.

사실 연준이 정책금리를 인하 방향으로 돌려놓는 타이밍에 0.25%p 이상의 조정을 선택했던 과거 사례는 2001년(IT 버블), 2007년(금융위기), 2020년(팬데믹) 등 대형 위기가 발생했던 시기에만 찾아볼 수 있었기 때문입니다. 반면 현 국면의 경우 경제지표들이 비교적 견조한 흐름을 이어가고 있고, 기업의 이익 증가세도 유지되고 있습니다. 이로 인해 2024년 9월 FOMC에서 0.5%p의 인하가 이루어진 것은 시장에서 인지하지 못하고 있는 위험 요인들을 연준이 별도로 확인하고 있는 것이 아니겠냐는 의심까지 제기되기도 했었죠.

분명 연준도 이러한 걱정을 알고 있었기에 0.5%p 인하 결정과 함께 시장의 불안을 잠재우기 위해 노력했습니다. 파월 의장은 정책금리 인하 결정 직후 열린 기자회견을 통해 0.5%p 인하는 잠재되어 있는 불확실성 요인들에 의한 것이 아닌, 이미 지나간 고용지표(2024년 7월)에 대한 후행적 조치였음을 강조했습니다.

사실 2024년 7월 4.3%까지 상승했던 실업률은 9월까지 2개월 연속 하락하며 4.1%대로 낮아지는 모습을 보이기도 했기에 이러한 설명의 설득력은 약했습니다. 따라서 그보다는 이를 통해 연준이 어느 때보다도 강한 경제 안정 의지를 가지고 있다는 시각으로 바라봐야겠습니다. 명분이 조금 훼손되더라도 지난 2022년 하반기 당시 많은 비판을 받았던 경험을 되풀이하지 않기 위한 패턴들이 나타나는 모습입니다.

특히 트럼프 2기 정부가 들어서면서 정책에 의한 인플레이션 불확실성을 예측하기 어려운 상황이라는 부분도 살펴볼 필요가 있겠습니다. 앞서 설명한 바와 같이 지난 3~4년 사이 발생한 인플레이션은 일반적으로 경제 성장 과정에서 발생하는 수요 증가(경제 성장→소득 증가→생산/소비 수요 증가→물가 상승)에 의한 물가 상승이 아니었습니다. 이는 정책금리 조정(인상, 인하)으로 안정시키는 데에 한계가 존재하는 공급 요인(물량 부족, 조달 지연 등)의 인플레이션 상황이었던 만큼 공급발 물가

그림7 S&P500의 EPS(주당순이익)와 PER(주가수익률) 추이

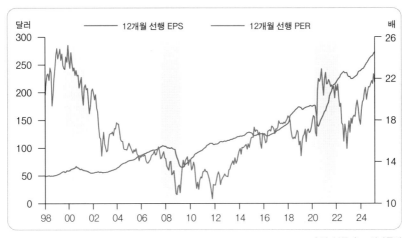

출처: 블룸버그, 하나증권

압력이 낮아지는 시기에 추가로 금리를 인하해 향후 통화 정책 대응 여력을 확보하려는 의도가 함께 고려된 것입니다. 이 경우 경제 모멘텀이 크게 훼손되지 않는 선에서 나타나는 실업률 상승과 추가적인 정책금리 인하가 진행될 가능성이 높고, 반복적인 해석 변화는 채권시장의 변동성을 유발하는 동시에 시장금리 하방 요인으로 작용할 것입니다.

트럼프 2기 정부가 채권금리에 미치는 영향 1: 무역과 이민자 정책

트럼프 2기 정부가 들어서면서 채권시장의 난이도가 높아지고 있습니다. 관세로 인한 무역 갈등과 불법 이민자 추방, 감세 정책 등 다양한 경로를 통해 금리 변동성이 확대될 수밖에 없는 상황입니다. 먼저 관세 정책의 경우 트럼프는 취임 전부터 중국에 대해 60%, 캐나다와 멕시코

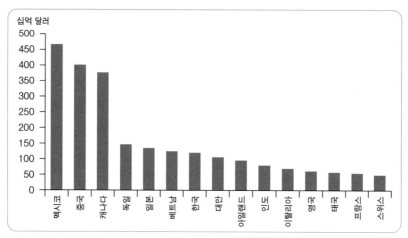

그림 8 미국의 주요 교역 규모(수입) 국가 순위(2024년 기준)

십억 달러

출처: 미국통계청, 하나증권

에 대해서는 25%의 관세 부과 가능성을 경고했고, 나머지 국가들에 대해서는 상호관세 혹은 점진적 세율 조정 가능성을 예고해왔습니다. 트럼프 대통령은 취임 초기부터 이를 교역 협상과 정치적 카드로 활용하는 모습을 보이고 있습니다. 국가 안보와 보건 위생 등을 명분으로 선포한 IEEPA(국제비상경제권법)를 앞세워 발표한 철강, 알루미늄, 자동차 등 특정 분야의 관세 부과 정책부터 주요 교역 대상 국가들을 전방위적으로 포함하는 상호관세(유예와 협상의 반복, 대중 관세 인상 조치 등)까지 모두 동일한 맥락에서 살펴볼 수 있는 내용입니다.

애초 국가 간 무역 거래가 이루어지는 배경에는 경제적 효율성이 자리하고 있습니다. 무역은 국가 간에 상품과 서비스를 교환하는 활동으로, 각국이 서로의 필요를 충족시키며 경제 성장을 촉진하는 행위라고 할 수 있습니다. 그리고 관세는 이러한 무역에 부과되는 세금입니다.

수입품 혹은 서비스 가격 변화를 통해 물가와 경제 전반에 영향을 미치게 됩니다.

무역이 필요한 이유는 각국이 자국에서 생산하기 어렵거나 비용이 많이 드는 제품을 더 나은 상황의 다른 국가에서 저렴하게 수입할 수 있기 때문입니다. 자원이나 기술력이 부족한 국가는 무역을 통해 필요한 상품을 수입함으로써 비용을 절감하고 경제의 질을 높일 수 있습니다. 당연히 수입품에 높은 관세가 부과되면 소비자에게 공급되는 제품 가격은 상승하고, 가계는 전보다 더 높은 비용을 부담해야 하며 이로 인해 실질 소득이 감소하는 흐름으로 연결됩니다.

이민자 정책에 대해서도 채권시장과 연관지어 살펴볼 필요가 있습니다. 팬데믹 국면에서 크게 경험했던 것처럼 이민자의 유입 여부는 노동력과 연결되는 중요한 변수입니다. 특히 서비스, 건설 등 전통적으로 인력이 부족한 업종들에서 더 큰 영향을 받습니다.

트럼프는 이민자 유입을 제한하는 동시에, 이미 미국에 들어와 있는 불법 이민자들을 추방하고 있습니다. 불법 이민자들은 전통 민주당 지지 기반인 저소득층 일자리에 침투해 있으며, 이들로 인해 피해를 본 저소득층의 변심은 트럼프의 재선 성공에 기여하기도 했습니다. 정치적 관점의 판단에서는 충분히 내릴 수 있는 결정입니다. 다만 미국 경제 전반의 인건비와 연결지어 본다면, 이 또한 인플레이션 압박 요인이 될 것입니다. 대체로 이슈가 되고 있는 이민자들은 숙련 기술자가 아닌 저숙련 인력들이기 때문입니다. 앞서 언급한 바와 같이 이들의 존재 여부는 전통적으로 인력이 부족한 업종에 중요한 변수로 작용합니다. 이들의 부재 때문에 서비스, 건설과 같은 업종에서부터 노동력 부족 현상을 겪게 될 가능성이 높습니다. 인력을 구하기 힘들다면 기업들은 더 높은 임금을 지급하여 근로자들을 확보해야 하고, 미국 경제의 약 70% 비중을 차지하고 있는 서비스 업종부터 물가 상승 압력에 직면하게 될 것입니다. 팬데믹 당시 인력 공백이 가장 크게 발생하고 늦게 회복되었던 업종 또한 저임금 노동자 비중이 높은 레스토랑, 호텔 등이 포함된 레저 및 접객 업종이었던 사실도 참고할 필요가 있습니다.

트럼프 2기 정부가 채권금리에 미치는 영향 2: 감세와 재정 건전성

트럼프 2기의 글로벌 경제를 전망하기 위해서는 재정부문에 대해서도 살펴볼 필요가 있습니다. 트럼프 정부의 경우 대규모 감세를 주요 경제 정책 추진 방향으로 제시하고 있습니다. 법인세의 경우 현행 21% 수준에서 단계별 인하를 통해 최종 15%까지 낮출 계획을 가지고 있습니다. 사실 트럼프 1기 때도 법인세를 15%까지 낮추려는 시도가 있었으나 민주당과의 합의 과정에서 21%로 결정되었습니다. 이번 임기, 특히 임기 초에는 공화당이 의회에서 우위를 점하고 있는 상황들을 적극적으로 활용할 가능성이 높습니다.

소득세율 역시 트럼프 2기 정부의 인하 대상입니다. 7개로 나뉘어 있는 소득세율 구간을 2개로 축소하면서 최고 세율 구간도 37%에서 30%로 낮추겠다는 방향성을 제시해왔습니다. 이외에도 초과근무 및 팁 관련 면세, 사회복지 혜택에 대한 면세, 주·지방세 상한 폐지 등 감세 정책을 통해 경기부양에 나서고자 계획하고 있습니다.

앞에서 설명한 세금 감면 정책들로 세수가 늘어나기 어려운 가운데, 당장 사회보장과 복지 관련 지출이 지속되는 상황에서는 정부의 재정 여력이 낮아질 수밖에 없다는 해석이 나옵니다. 세수가 부족하면 미국 정부는 돈을 빌려(부채) 자금을 조달해야 합니다. 이는 국채 발행량의 증가로 연결되는데, 국채 공급이 증가하면 투자자들은 더 높은 이자 수익(금리)을 요구하게 되고 이 역시 채권시장의 변동성 확대 요인으로 작용할 것입니다.

한발 더 나아가 늘어난 국채 발행은 말그대로 미국의 부채가 증가했다는 뜻이기 때문에 재정 건전성이 악화되었다는 의미로 해석할 수 있고, 신용 위험의 증가는 또다시 금리 상승으로 연결될 수 있습니다. 참

그림9 미국 연방정부의 이자 지출 규모 추이

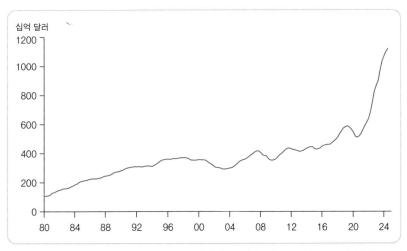

출처: FRED(Federal Reserve Economic Data), 하나증권

고로 팬데믹을 거치며 크게 증가한 미국 연방정부의 이자 지출 규모는 이미 지난 2023년 3분기부터 1조 달러(2024년 3분기 1.1조 달러)를 넘어서 있는 상황입니다. 이에 관세와 관련된 무역 협상 과정에서 트럼프 정부가 미국 초장기 채권(100년 만기 국채) 매수를 조건으로 제시할 수 있다는 이야기도 거론되고 있습니다.

트럼프 2기 정부가 채권금리에 미치는 영향 3: 정부효율부

앞서 트럼프의 이민자, 관세, 재정(감세) 정책들이 물가와 채권시장 수급 경로를 통해 금리 상승을 이끌어낼 수 있는 요인들인 반면, 정부효율부(DOGE)는 금리 하향 효과를 가져올 수 있는 기관입니다. DOGE는 일론 머스크(Elon Musk)의 밈 코인으로 잘 알려져 있는 도지코인과도 동일한 이름인데요. 머스크는 기존 정책 당국의 영향력을 제한하기 위해 외부 자문 관점에서 포괄적으로 아이디어를 제시하는 접근 방법을 취하고 있습니다.

테슬라와 스페이스X의 CEO이자 세계 최고 부자인 일론 머스크가 이끄는 정부효율부(DOGE, Department of Government Efficiency)는 명칭 그대로 정부의 지출을 효율적으로 관리하여 나라의 살림(재정)을 개선시키기 위해 만들어진 조직입니다. 연방정부의 지출과 규제를 축소하는 방식 등을 활용하여 목표를 달성하고자 하는 것입니다.

이들의 첫 번째 목표는 역시 정부 지출 규모를 줄이는 것입니다. 당초 머스크는 2조 달러 규모의 연방정부 예산을 절감할 수 있다고 주장했으나, 최근 지출 감축 규모가 1조 달러 수준이 될 것이라고 정정하기도 했습니다. 이는 미국 연방정부의 지난 2024년 회계년도 지출액인 6.8조 달러의 15%에 해당하는 금액입니다. 이렇게 될 경우 국방, 교육 등의 분야에서 예산 삭감이 뒤따를 것입니다. 더불어 200만 명이 넘는 연방 공무원의 감축 시행 계획도 함께 제시하고 있습니다. 각 기관에서 필요한 최소 인력으로 배치하고 나머지는 시스템 최적화를 추구하는 방향으로 나아갈 전망입니다. 인공지능 소프트웨어 기업인 팔란티어 테크놀로지스(PLTR)와 같은 기업들이 주목받는 이유이기도 합니다.

이들은 연방 공무원의 재택근무를 제한하는 방안도 제시했습니다. 미국 연방정부 회계감사국(GAO)의 2023년 보고서에 따르면 연방정부 관련 17개 기관들의 건물 사용률이 25% 미만이었습니다. 주 5일 출근 제로의 전환은 자발적 사직을 촉구함으로써 인건비와 관련된 지출을 줄일 수 있을 것으로 예상하고 있습니다. 연방 공무원의 10% 감축 목표 가운데 2025년 9월까지 근무를 보장하는 퇴직 프로그램의 시행과 저성과자 명단 제출 조치 등도 동일한 맥락에서 시행되는 정책입니다. 한편 트럼프 2기 정부의 공무원 감축 정책은 고용지표(정부 고용의 경우 2024년 총 고용자 수의 약 20% 비중 차지) 훼손 요인으로도 작용할 것으로 보입니다. 2025년 취임 직후부터 미국의 해고 발표 건수는 27.2만 건(3월)으로 급격히 증가하며 지난 2020년 5월 이후 최고치를 기록했습니다. 이 중 정부부문의 해고 발표가 21.7만 건으로 데이터가 집계되기 시작한 2002년 이후 최고치였고, 이를 제외한 민간부문 역시 팬데믹 이후 가장 많은 해고 발표(2~3월 총 16.8만 건)가 이루어졌습니다. 정부의 인력

감축 분위기에 민간도 편승하고 있습니다. 참고로 해고 발표는 미국 노동통계국(BLS)의 고용보고서에 선행성을 보이는 지표입니다.

물론 DOGE는 기존에 없었던 조직인 만큼 향후 세부적인 방향성에 있어 변화할 가능성이 충분히 있습니다. 일론 머스크를 둘러싼 노이즈(내부 반발, 이탈 가능성)가 존재하지만 방향성에 대한 트럼프 대통령의 지지 의사는 꾸준히 확인되고 있는 상황입니다. 결과적으로 DOGE가 설립 목적을 유지하는 가운데 재정지출을 줄이는 정책 시도들이 효과를 거둔다면, 미국 연방정부가 자금을 조달하기 위한 채권 발행을 줄일 것이고 이는 채권시장의 수급 개선(국채 공급 감소) 요인으로 작용하여 시장금리를 하향 안정화하는 데 일조할 것입니다.

TIP 트럼프 2기 정부에서 주목받고 있는 그룹, 페이팔 마피아

페이팔 마피아(PayPal Mafia)는 1990년대 후반 페이팔(PayPal)의 창립 멤버와 초기 직원들로 구성된 그룹을 지칭하는 용어입니다. 일론 머스크나 피터 틸(Peter Thiel) 등이 포함되어 있으며, 이들은 페이팔에서 함께 일한 후 각자 독립해 실리콘밸리에서 영향력 있는 기술 기업을 설립하거나 투자자로 활동하며 막강한 네트워크를 형성하고 있습니다.

페이팔 출신 인물들은 다양한 기술 기업과 벤처캐피털에서 핵심적인 역할을 수행하며 실리콘밸리의 혁신과 발전에 기여하고 있으며, 이들의 긴밀한 네트워크와 상호 지원은 '마피아'라는 별칭이 붙을 정도로 강력한 영향력을 발휘하고 있습니다. 이러한 현상은 특정 기업 출신 인물들이 다양한 분야에서 성공을 거두며 서로 협력하는 독특한 사례입니다.

트럼프 정부가 AI, 블록체인, 우주항공 등 혁신 산업에 대해 높은 관심을 보이고 있는 가운데 일론 머스크가 트럼프의 측근으로 자리하면서 이들의 활약 여부 또한 큰 관심을 받고 있습니다. 'AI&암호화폐 차르' 직책에 지명된 데이비드 삭스(David O. Sacks) 역시 페이팔 마피아의 일원이

며, J. D. 밴스(J. D. Vance) 부통령은 페이팔 마피아의 일원이자 팔란티어 테크놀로지스의 설립자인 피터 틸로부터 멘토링을 받은 것으로 알려져 있습니다.

페이팔 마피아의 주요 구성원으로는 앞에서 언급한 인물 외에 링크드인(LinkedIn)을 창립한 리드 호프먼(Reid Hoffman)과 페이팔의 공동 창업자 중 한 명인 유 판(Yu Pan) 외에도 페이팔의 전 직원이자 유튜브(YouTube)를 설립한 채드 헐리(Chad Hurley), 스티브 첸(Steve Chen), 자베드 카림(Jawed Karim), 마찬가지로 페이팔의 전 직원이자 지역 비즈니스 리뷰 사이트 옐프(Yelp)를 창립한 제러미 스토펠먼(Jeremy Stoppelman), 러셀 시먼스(Russel Simmons) 등이 있습니다.

난이도가 높아지는 채권시장

│ 연준 인사들의 투표권 구성 변화

미국의 통화 정책 방향을 예상할 때는 FOMC 회의에서 실제 정책 결정 투표에 참여하는 연준 인사들의 성향도 살펴봐야 합니다. 회의에 참석하는 인사들은 당연히 자기 의견을 제시할 수 있지만, 모두가 정책을 결정하는 투표에 참여하는 것은 아니기 때문입니다.

FOMC에 참여하는 구성원 수는 총 19명으로, 연준 의장과 부의장을 포함한 7명의 이사진과 12명의 지역 연방준비은행 총재들이 참가합니다. 이 중 정책 투표에 참여하는 인원은 12명입니다. 연준 의장을 포함한 7명의 이사진과 뉴욕 연방준비은행 총재까지 8명의 인사들은 고정적으로 투표에 참여하며, 나머지 11명의 지역 연방준비은행 총재들 가운데 매년 4명이 돌아가면서 투표권을 교대하는 방식입니다.

참고로 매분기 마지막 달에 진행되는 FOMC 정례 회의에서는 경제,

표 1 FOMC에서 투표권을 갖는 연준 인사들(2025년 기준)

매파	제프리 슈미드 (캔자스시티 연방준비은행 총재)	미셸 보먼 (연방준비제도이사회 이사)
	크리스토퍼 윌러 (연방준비제도이사회 이사)	알베르토 무살렘 (세인트루이스 연방준비은행 총재)
중도	마이클 바 (연방준비제도이사회 이사)	필립 제퍼슨 (연방준비제도이사회 이사)
	제롬 파월 (연방준비제도이사회 의장)	수전 콜린스 (보스턴 연방준비은행 총재)
비둘기파	오스턴 굴즈비 (시카고 연방준비은행 총재)	존 윌리엄스 (뉴욕 연방준비은행 총재)
	리사 쿡 (연방준비제도이사회 이사)	아드리아나 쿠글러 (연방준비제도이사회 이사)

출처: 하나증권 해외분석실

물가, 실업률 전망치와 함께 정책금리 점도표가 공개되는데, 일반적으로 시장에서 인식되는 연준의 정책 경로는 19명의 회의 참석자들이 각각 예상한 정책금리의 중간값(10번째 점이 자리하고 있는 위치)이 사용됩니다.

앞에서 언급한 것처럼 2025년에도 지역 연방준비은행 총재 4명의 FOMC 투표권 구성이 변경되었으며, 이로 인해 정책 결정에 매파적 성향이 일부 강화될 가능성이 존재합니다. 2024년에 클리블랜드와 리치몬드, 애틀랜타, 샌프란시스코 연방준비은행 총재가 가지고 있던 투표권이 2025년에는 시카고의 오스턴 굴즈비(Austan Goolsbee), 보스턴의 수전 콜린스(Susan Collins), 세인트루이스의 알베르토 무살렘(Alberto

Musalem), 캔자스시티의 제프리 슈미드(Jeffery Schmid)로 넘어갔습니다.

굴즈비는 비둘기파적 성향으로 인플레이션 하락을 장기적인 관점에서 평가할 것을 주장한 바 있으며, 콜린스는 중립적 성향을 보이는 것으로 인식되고 있으나, 슈미드와 무살렘은 매파적 성향을 드러내 왔습니다. 중립적 성향의 연준 인사 비중이 감소하며 매파와 비둘기파 성향의 인원 구성으로 양분되는 추세가 진행 중인 것이죠. 이는 향후 각각 상반된 의견들이 제시되는 결과로 이어지면서 채권시장의 변동성 확대 요인으로 작용할 가능성이 존재합니다.

│ 제롬 파월과 트럼프의 정책 노이즈 가능성

트럼프 2기 정부가 시작되었고 미국 연방정부, 즉 트럼프 대통령은 틈틈이 연준에 금리인하를 압박할 가능성이 높습니다. 이는 이미 트럼프 1기 당시에도 꾸준히 주목받았던 이슈이기도 한데요. 실제로 지난 2024년 11월 FOMC에서 진행된 기자회견 당시에도 트럼프의 사퇴 요구에 대한 질문이 있었고, 파월은 단호하게 임기가 끝날 때까지 연준 의장직을 수행할 것이라 밝힌 바 있습니다.

트럼프는 첫 번째 임기(2018년) 중 파월의 통화 정책에 불만을 느껴 해임을 고려했으나, 고문들은 대통령이 연준 의장을 해임할 권한이 없다고 판단했습니다. 이후 트럼프는 파월의 의장직을 강등시키는 방안도 검토했으나 실제로 실행되지는 않았습니다. 당시 트럼프 스스로도 법적 근거에 대한 자신이 없었다고 언급한 바 있습니다.

파월은 연준의 독립성을 수호하기 위해 해임 요청이 있을 경우 법적

싸움을 불사하겠다고 밝혀왔습니다. 2026년 5월까지 예정된 임기를 정상적으로 마치겠다는 강력한 의지를 보이고 있는 파월은 연준의 독립성이 훼손되지 않도록 노력하겠다고 강조했습니다.

파월은 대통령에 의해 자신이 해임되는 사례가 발생할 경우 향후 연준의 독립성에 문제가 될 것으로 판단하고 있기 때문입니다. 연준의 법률 자문 스콧 알바레즈도 파월의 입장을 지지하며, 연준 의장을 대통령이 자의적으로 해임할 수 없도록 법이 규정하고 있음을 강조했습니다. 연준 이사는 부정행위나 직무 태만 등의 문제가 발생하지 않는 한 14년의 임기를 보장받으며, 연준 의장은 상원의 인준을 받아 4년 임기를 수행합니다.

트럼프의 첫 임기 동안, 공화당 상원 의원들은 연준의 자율성을 보호하며 부적격 후보들을 거부하는 등의 역할을 했습니다. 상황이 유동적일 수 있겠지만 일부 공화당 상원 의원들은 두 번째 트럼프 임기에도 연준의 독립성을 방어할 것이라고 밝혔습니다.

트럼프가 두 번째 임기 동안 또다시 파월을 해임하려 한다면 이는 시장에 큰 혼란을 야기할 수 있습니다. 파월 해임을 둘러싼 법적 분쟁은 연준의 통화 정책과 시장의 신뢰에 부정적인 영향을 줄 가능성이 큽니다. 강제 해임을 시도할 경우 파월 의장이 법적 대응에 나설 가능성이 크고, 재판을 진행하는 동안 임기가 끝나는 2026년 5월까지 의장직은 그대로 수행할 수 있습니다. 결과적으로 트럼프는 의도한 바를 이루지 못한 상황에서 시장 혼란만 가중시킬 수 있다는 의미가 될 것입니다.

한편 2025년 1월, 원래 금융감독 부의장을 맡고 있던 마이클 바

(Michael Barr)가 자신의 직에서 물러나기로 했습니다. 이는 마이클 바 이사의 자리 역시 파월과 마찬가지로 트럼프가 사퇴 압박을 요구하는 범위 안에 놓여 있기 때문입니다. 규제 완화를 추구하고 있는 트럼프는 금융업에 대해서도 동일한 기조를 가지고 있고, 이에 따라 금융감독 부의장의 자리도 파월 의장의 포지션과 함께 교체 압박의 타깃이 될 것으로 거론되었습니다.

마이클 바는 임기 전 사퇴 요구에 응할 법적 근거가 없다고 이야기하면서도 분쟁이 진행될 경우 연준의 정책 결정에 해가 될 수 있어 부의장 자리에서 물러난 것으로 분석됩니다. 다만, 부의장직과 별개로 2032년까지인 연준 이사 임기는 끝까지 채울 예정입니다. 마이클 바의 부의장직 후임으로는 금융규제에 완화적 의견을 가지고 있는 미셸 보먼(Michelle W. Bowman) 이사가 지명되었습니다. 보먼 이사는 통화 정책에 매파적 성향을 가지고 있지만 규제 완화를 통해 시장에 유동성 공급 효과를 이끌어낼 것으로 기대됩니다.

트럼프 대통령이 직접 연준 이사진을 임명하기 위해서는 2026년까지 기다려야 하는 만큼, 영향력을 강화하고 싶어 하는 트럼프의 의도가 2025년까지는 온전하게 닿지 않을 것으로 예상됩니다. 더불어 함께 살펴봐야 하는 부분은 스콧 베선트 장관이 이끄는 재무부의 정책 방향입니다. 헤지펀드 매니저 출신인 베선트 장관은 정책금리보다 시장금리(10년 국채 금리) 제어 목표를 제시하고 실효성 있는 정책을 끌고 가기 위해 노력 중입니다. 트럼프 정부의 유가 제어 의지 역시 물가와 금리로 연결되는, 동일한 맥락에서 살펴볼 수 있는 내용들이 되겠습니다.

TIP 미국 연방준비제도이사회의 구성과 임기

FOMC의 통화 정책 결정에 참여하는 연준 인사들은 이사진 7명과 각 지역 연방준비은행 총재 12명으로 구성되어 있으며, 이사진 7명에는 의장 1명과 부의장 2명이 포함됩니다. 이사진에서 선출된 부의장 2명 가운데 한 명은 의장을 보좌하며 정책 결정 활동을 하는 일반 부의장 역할을 수행하며, 다른 한 명은 금융감독 담당 부의장을 맡아 금융기관에 대한 감독 및 규제 정책을 총괄함으로써 금융 안정성을 강화하는 업무를 수행합니다. 이들은 대통령이 임명하고 상원의 승인 절차를 거쳐 확정됩니다.

이사진의 임기는 14년이며, 이사진 중에서 선출되는 의장과 부의장의 임기는 4년씩인데 연임이 가능합니다. 의장 혹은 부의장의 임기가 종료된다 하더라도 최초 임명 이후 이사직 임기인 14년이 지나지 않았다면 다시 연준 이사로 재직하게 됩니다. 관습적으로 의장, 부의장 자리에서 물러나게 되는 시기에 연준 이사직도 함께 그만두던 사례들이 일반적이기는 했으나 강제적인 것은 아닙니다.

지역 연방준비은행 총재는 모두 12명으로 구성되어 있고, 해당 지역 연방준비은행이사회가 선정하고 연준 이사회의 승인을 받아 최종 임명됩니다. 이사진과는 달리 5년의 임기로 업무를 수행하게 되며 연임이 가능합니다. 이 중 뉴욕 연방준비은행 총재는 FOMC의 부의장 역할을 맡습니다.

FOMC의 투표권은 앞에서도 언급했듯이 19명(이사진 7명 + 지역 연방준비은행 총재 12명)의 인사 중 12명이 갖게 됩니다. 이 중 7명의 이사진과 지역 연방준비은행 총재 중 부의장을 맡게 되는 뉴욕 연방준비은행 총재는 매년 상시적인 투표권을 갖습니다. 그리고 상기 8명을 제외한 나머지 11명의 지역 연방준비은행 총재는 4개의 투표권을 매년 돌아가면서 행사하게 됩니다.

참고로 뉴욕 연방준비은행은 금융시장 운영(공개시장 운영 및 외환시장 개입)을 주도하는 한편, 미국 정부를 대신해 외환시장 개입 권한을 갖습니다. 미국 재무부의 주요 은행 역할을 담당하며, 정부의 자금 조달(국채 발행)과 지출 관리 업무를 수행합니다. 이외에도 외국 중앙은행이나 국제기구와의 금융거래, 금융시스템 모니터링, 대형 금 보관소 운영 등 연준의 정책 실행과 미국의 금융 안정성 유지에 핵심적인 기능을 수행한다는 이유로 12개 지역 연방준비은행 가운데에서도 특별한 지위를 인정받습니다.

| AI와 실업률의 관계

AI가 세상을 바꿔가는 사례는 점점 더 늘어나고 있습니다. 편의성과 효율성을 높이는 도구로 활용되면서 사람들의 삶과 비즈니스 환경에도 많은 변화를 이끌어내는 중입니다. 그런데 한편에서는 일자리를 잃게 될 수도 있다는 우려가 늘고 있습니다. 미국에서는 AI 도입으로 인해 월스트리트에서만 20만 개가량의 일자리가 사라질 것이라는 전망이 나오는가 하면, AI 기반의 자동화 설비 도입 문제로 항만 노동자들이 파업하는 사례까지 발생하기도 했습니다.

이는 기업들이 생산성 향상을 위해 AI 기술을 사용하는 과정에서 나타나는 문제인데, 이러한 추세 역시 결국은 고용시장에 영향을 미치면서 통화 정책과 시장금리에 순차적으로 반영될 것으로 보입니다.

사실 AI가 인력을 대체하는 모습들은 이미 경제지표를 통해서도 확인되고 있습니다. 여러 논란과 고민 속에서도 높아진 인건비 부담을 극복하기 위해 기업들이 AI 기술의 활용 비중을 높이고 있기 때문입니다. 이 문제는 노동생산성 데이터와 실업수당 청구 건수 데이터의 변화 모습에서 확인이 가능합니다. 먼저 미국의 노동생산성은 IT 혁신이 진행되던 2000년 전후 이후 처음으로 전년 대비 증가율이 2% 중반 수준까지 높아졌습니다. 기업들이 AI 기술의 활용 범위를 확대하는 과정에서 나타나는 대표적인 현상입니다.

한편 실업수당 청구 건수 부문에서는 신규 청구 건수가 감소하고 있음에도 불구하고, 뒤따라야 할 연속 실업수당 청구 건수 데이터가 고공행진을 이어가고 있습니다. 실업수당은 단어 그대로 실업 상태에 놓였

그림 10 미국 노동생산성 변화 추이: IT 혁신 시기에 이어 AI가 끌어올리고 있는 생산성

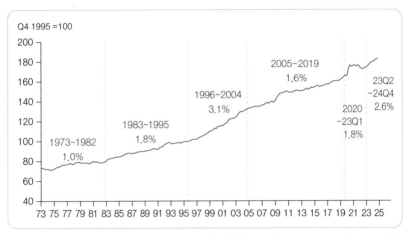

출처: FRED(Federal Reserve Economic Data), 하나증권

을 때 신청하게 되는 만큼 청구 건수가 증가하면 해고 및 실직 사례가 늘어나는 것으로 해석할 수 있고, 반대로 감소하게 될 경우 고용시장이 안정화되어 간다는 의미로 이해할 수 있습니다. 일반적으로 고용시장의 분위기를 반영하는 과정에서 신규 실업수당 청구 건수와 연속 청구 건수 데이터가 유사한 방향으로 움직이게 되는데, 지금은 점점 괴리가 생기고 있는 상황입니다.

이는 미국 기업들이 당장 적극적인 인력 구조조정을 진행하지는 않았지만, 신규 채용에도 적극적이지 않은 모습을 보임으로써 실업자들이 쉽게 새로운 일자리를 찾지 못하고 있는 상황을 설명하는 것입니다. 기업들은 이미 이탈한 빈자리를 AI 기술로 대체 활용함으로써 인건비 부담을 낮추고 생산성을 높이는 방식을 적용하고 있는 것입니다.

따라서 향후 시장 대응 관점에서는 또 다른 형태의 경제지표 해석이

필요할 수 있을 것입니다. 실업률이 상승하더라도 다른 실물지표들은 견고한 흐름을 유지하면서 경제 연착륙 시나리오가 쉽게 훼손되지 않는 모습을 보일 가능성이 존재합니다.

그리고 이러한 현상들로 인해 실업률 상승 흐름이 유지될 경우 가계 중심의 경제 안정성을 유지하기 위한 연준의 금리인하 기대가 다시 높아질 수 있습니다. 중간선거와 여론을 의식한 트럼프 정부가 연준을 압박하기에 충분한 배경이기도 합니다. 다만 경제가 서서히 안정을 찾아가는 연착륙 시나리오와 관세 불확실성, 실업률 상승의 추세가 맞물리는 과정에서 금융시장의 변동성, 특히 채권금리의 등락폭과 방향 전환 빈도가 증가할 것으로 예상됩니다.

미국의 채권시장 전망

여러 가지 상황들이 맞물리면서 최근 채권시장의 투자 난이도는 여느 때보다 높아지고 있습니다. 연준의 이중책무인 물가와 고용 안정 목표를 달성하기가 쉽지 않은 현실에 놓여 있습니다. 공급부문의 인플레이션 요인이 제거되는 과정에서 물가상승률은 분명 낮아졌지만, 정책 관점에서 발생하는 하방 경직성은 시장의 고민을 유발하는 요인으로 작용한다고 할 수 있겠습니다. 관세 역시 통화 정책의 큰 변수입니다.

더불어 고용시장에서도 여전히 과거와 다른 패턴이 뒤섞여 나타나고 있습니다. 기업들의 응답을 집계하여 발표하는 비농업고용자와 가계의 응답을 통해 집계되는 고용 규모(+실업률) 데이터 간 괴리가 확대되고, 앞서 살펴본 실업수당 청구 건수 데이터 안에서도 신규 청구 건수와 연속 청구 건수의 동행성이 약화되어 있습니다. 트럼프 2기 동안 재정적자가 확대될 것이라는 우려가 이미 반영되어 있는 가운데 정부효율부의 지출 감축 효과에 대해서도 지켜볼 필요가 있습니다.

여러 가지 지표들이 혼재되는 과정에서 시장금리의 변동성이 확대될 것이라는 예상은 불가피합니다. 연준 인사들도 성향에 따라 해석의 방향이 크게 엇갈릴 수밖에 없는 상황인데, 각자의 일정과 발언 내용이 확인될 때마다 금리 움직임을 크게 할 가능성이 높습니다.

2025년 상반기에 집중된 관세 정책의 위협이 경제 불확실성 요인으로 해석되고, 안전자산 선호 현상을 이끌어내면서 국채 금리 하락 흐름이 나타났습니다. 이어 4월 초 국가별 상호관세가 발표되었다가 다시 유예되는 과정에서 불안심리는 정점을 지나고 포지션 청산 수요가 더해져 안전자산인 채권에서 돈이 빠져나가 단기적으로 국채 금리가 한 차례 반등했습니다. 정책과 시장이 제자리를 찾아가는 과정에서는 연초 레벨을 상단으로 인식하는 가운데 다소 큰 폭의 박스권 흐름을 이어 갈 것으로 판단됩니다. 물가와 고용시장의 구조적 변화가 영향을 미칠 전망입니다. 큰 그림에서는 팬데믹 국면에 누적되었던 공급발 인플레이션 요인들이 제거되는 상황 속에 기업들의 높은 기술 의존도와 함께 나타날 실업률 상승 현상을 명분으로 2025년 한 해 동안 두 차례 수준의 금리인하가 가능할 것으로 보입니다. 이는 향후 정책과 기대심리에 의한 물가 변수 발생 가능성, 경제성장 과정에서 재개되는 수요 부분의 가격 상승 압력이 커질 경우 통화 정책 여력을 좀 더 확보하고자 하는 연준의 의지와도 맞물려 나타날 수 있는 내용들입니다.

달러화와 글로벌 환율 및 암호화폐시장의 예상 경로

│ 미국과 글로벌 통화 정책의 연결고리, 그리고 환율

지난 2024년 하반기 이후 디커플링(Decoupling, 기존의 상호 의존적 관계를 끊고 독립적인 경로를 추구하는 현상)이 강화되는 모습을 보였던 글로벌 금리 역시 점차 동행성을 회복할 것으로 예상합니다. 미국에 집중된 경제 추세를 반영하는 과정에서 미국의 시장금리는 다른 국가들보다 가파른 우상향의 기울기를 보여주었습니다. 그러나 이러한 과정에서 금리인하 예상 경로의 되돌림도 큰 폭으로 진행되었다는 점을 살펴볼 필요가 있습니다.

또한 디커플링 현상이 장기화된다면 미국 외의 다른 나라 입장에서는 물가 상승 압박이 높아질 수 있기 때문에 정책적인 개입이나 가격 조정 등의 대응도 필요할 것입니다. 특히 원자재 등 달러로 결제가 이루어지는 품목들의 경우 금리 차가 벌어지면서 해당 국가의 통화가치

그림 11 미국의 통화 정책 및 금리 상승이 세계 경제에 영향을 미치는 프로세스

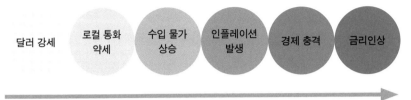

달러 강세　로컬 통화 약세　수입 물가 상승　인플레이션 발생　경제 충격　금리인상

출처: 하나증권

가 크게 하락하는 등 자연스럽게 가격이 상승하는 효과가 발생합니다. 따라서 적절한 환율을 유지하기 위해서는 디커플링의 괴리를 축소하는 방향으로 움직여야 합니다.

결론적으로 글로벌 외환시장에서 나타나는 달러 강세 현상은 시장금리와 마찬가지로 1분기에 확인되었던 고점이 2025년의 상단이 될 가능성이 높습니다. 통화 정책의 예상 경로가 엇갈린 방향으로 수정되면 환율의 방향도 재조정될 전망입니다. 당장은 괜찮아 보이지만 미국의 노동시장 수급에 대한 불안 요인들도 점차 누적되어 가고 있습니다.

더불어 미국 외 국가들의 상황도 살펴봐야 할 것입니다. 대표적으로 중국과 일본이 이에 해당하는 국가들인데요. 중국은 트럼프 2기 정부 출범과 동시에 가장 큰 압박을 받고 있으며 이에 대한 대응 방향도 중요한 상황입니다. 지난 트럼프 1기와는 조금 다른 방향성을 보여줄 가능성이 존재하기 때문입니다. 트럼프는 중국에 대해 지난 1기 때보다 강도 높은 관세 부과 계획을 확인시켜 주고 있습니다. 공화당이 상원과 하원에서 모두 과반 의석을 차지한 레드 스윕(Red Sweep) 상황을 활용하여 더 적극적으로 압박하려는 모습이 나타나고 있습니다. 중국의 경

우 지난 트럼프 1기 당시에는 위안화 가치를 떨어뜨려 관세로 인해 약화된 가격경쟁력을 환율로 방어했지만, 이번에는 우선순위 측면에서 다소 다른 방향성의 대응을 보여줄 가능성이 존재합니다.

중국 정부는 재정을 활용한 경기부양 의지를 보여주는 동시에, 2025년 경제의 핵심 키워드로 '생산력(제조업)'이 아닌 '소비 촉진'을 제시함으로써 내수 부양 의지를 공고히 하고 있습니다. 보조금 지원, 공휴일 조정, 소매 금융 개선 등을 통해 가계의 소비 여력을 높이는 정책들이 중국 경제를 뒷받침할 텐데, 이는 적극적인 위안화 절하를 필요로 하지 않는 방향입니다. 미국의 관세 대응 과정에서 일시적 영향이 나타날 수는 있겠지만, 장기적으로 통화 정책 완화 방향을 유지하더라도 환율을 이용한 인위적인 대응 정책의 비중은 크지 않을 것입니다. 이는 강한 위안화를 표방하며 위안화 국제화를 추구하고 있는 중국 정부의 장기적인 목표에도 문제가 될 수 있기 때문입니다.

지난 2024년 하반기부터 중국의 경기부양책에 대한 기대가 꾸준히 형성되거나 예고되었음에도 세부 정책 발표가 2025년까지 미뤄졌던 것도 트럼프의 정책을 먼저 확인하며 대응하기 위한 중국 정부의 의도가 반영된 것입니다. 딥시크의 등장 이후 기술 육성 의지를 강화하고 있는 부분도 중국의 변화에서 빼놓을 수 없는 내용입니다. 테크 기업들에 대한 정책 방향이 규제 기조에서 육성의 흐름으로 180도 달라졌기 때문입니다.

우리나라의 원화 역시 위안화를 비롯한 글로벌 통화와 유사한 경로로 움직일 것입니다. 국내의 정치적 불확실성이 변동폭을 확대시킬 수는 있겠으나, 미국과 중국 중심의 대외 수출 의존도가 높은 우리나라 경제 구조를 감안할 때 장기적인 관점에서는 유사하게 움직일 가능성이 큽니다. 특히 무역 불안이 완화되고 중국의 부양 효과가 글로벌 수요 회복 경로로 연결될 수 있는 하반기부터는 방향성 전환 시도가 더욱 본격화될 전망입니다. 미국의 경제 연착륙 시나리오가 재개되는 가운데 통화 정책 예상 경로의 재조정 작업이 이루어지고, 중국과 유럽을 중심으로 경제 저점 확인 과정이 진행되면서 달러 외 글로벌 통화들의 반등 시도가 나타날 것으로 판단됩니다.

한편 일본은 미국의 통화 정책 전환 강도가 약화되면서 금리인상에 대한 부담을 덜어낼 수 있는 상황이 주어졌습니다. 한때 경기침체 가능성이 제기되며 2025년 중 미국 연준의 정책금리 인하가 5~6회 정도 진행될 것이라는 전망이 형성되기도 했으나, 걱정했던 것보다 양호한 경제 상황이 확인되면서 금리인하 예상 경로도 크게 상향(2025년 1~2회 인하 수준)되었습니다.

주요 선진국 가운데 유일하게 기준금리를 인상하고 있는 일본의 경우, 2024년 3분기를 정점으로 한 미국의 경기후퇴 관련 우려와 금리인하 폭 확대 전망 반영 과정에서 정책 전환 속도를 늦출 수밖에 없었습니다. 금리상승과 함께 엔-캐리 트레이드(일본의 낮은 금리를 이용해 자금을 조달하여 높은 수익률이 기대되는 주식, 채권 등에 투자하는 전략. 일본의 금리가 상승하면 이자비용이 늘어나면서 수익이 감소하는 만큼 전략 유효성 훼손) 청산 및 급격한 통화가치 괴리 확대 가능성이 부각되면서 금융시장에도 큰 충격이 발생했습니다. 이는 일본 내수시장의 안정에 대한 확신이 크지 않은 가운데 나타난 엔화 강세 현상이 경제에 악영향을 미칠 것이라는 전망으로 연결되었기 때문입니다.

여러 변동성 요인들이 등장하고 있으나 결과적으로 미국 연준은 2025년 2회 수준의 기준금리 인하를 단행할 가능성이 높습니다. 더불어 엔화 약세에 기반한 수출, 관광 서비스 산업 중심의 경제 회복이 진행된 상황에서 서서히 상승하고 있는 임금도 살펴볼 필요가 있습니다. 일본은 그동안 낮은 수준의 임금상승률과 더불어 내수 소비의 회복에도 한계가 있었기 때문입니다. 임금상승은 가계의 소비 여력 개선과 내수시장 회복 신호로 연결지어 살펴볼 수 있는데요. 속도 조절이 가능한 환경에서 진행되는 통화 정책 정상화 과정에 있어 기준금리 인상 기조는 사상 최고치 수준까지 도달했던 엔-달러 환율의 점진적인 정상화(가치 반등, 강세) 흐름이 유지되면서 확인될 전망입니다.

│ 암호화폐시장과 트럼프 2기 정부

암호화폐시장은 트럼프 2기 정부가 들어서면서 가장 큰 관심을 받고 있는 분야 중 하나입니다. 트럼프는 대선 과정에서 미국을 '암호화폐의 수도(Crypto Capital of the Planet)'로 만들 것이라고 선언한 바 있습니다. 박빙의 선거 경쟁 상황을 극복하기 위하여 특정 유권자들의 지지를 이끌어내기 위한 모습으로도 볼 수 있었으나, 당선 이후 실제로 암호화폐 친화적 인물들을 주요 보직에 배치함으로써 암호화폐시장의 변화를 예고하고 있습니다.

트럼프는 그동안 암호화폐시장에 부정적 견해를 유지하면서 규제 중심의 대응을 지속해왔던 게리 겐슬러(Gary Gensler) 증권거래위원장(SEC)의 후임으로 전 SEC 위원인 폴 앳킨스(Paul Atkins)를 지명했습니다. 앳킨스는 암호화폐와 핀테크 혁신을 지지하며 규제 완화의 필요성을 주장해왔던 인물인 만큼 암호화폐시장에 우호적인 기조를 보일 것이라는 업계의 기대가 있습니다. 더불어 트럼프는 AI와 암호화폐 전략을 총괄하는 자리에 페이팔 창립 COO인 데이비드 삭스를 'AI와 암호화폐 차르'로 임명했고, 비트코인 전략 비축 필요성을 주장하면서 암호화폐 지지 성향의 스콧 베선트를 재무부 장관 자리에 앉혔습니다.

유동성 환경과 규제 이슈는 암호화폐시장에 가장 큰 영향을 미치는 대표적인 변수입니다. 이러한 관점에서 본다면, 암호화폐시장은 결과적으로 성장세를 이어가게 되겠지만 성장 과정에서의 큰 변동성은 불가피할 것입니다.

먼저 유동성 환경을 살펴보면, 현재 시점을 기준으로 금융시장에서 암호화폐 자산이 어떤 위치에 있는지 생각할 필요가 있습니다. 각각의 기능적 특징과 별개로 비트코인을 비롯한 암호화폐들은 안전자산과 위험자산의 성격을 함께 가지고 있습니다. 암호화폐는 희소성과 탈중앙화 개념을 바탕으로 특정 상황에서 가치 저장 및 인플레이션 헤지(hedge, 환율이나 금리 또는 다른 자산에 대한 투자 등을 통해 보유하고 있는 위험자산의 가격 변동을 제거하는 것) 수단의 안전자산으로 인지되고 있는 동시에, 블록체인이라는 신기술 기반의 자산으로 초기 기술주들과 유사한 성격도 갖고 있기 때문입니다.

실제로 비트코인 가격이 글로벌 통화량과 금리 변화에 대해 높은 상

그림 12 비트코인 가격과 미국 2년 국채 금리

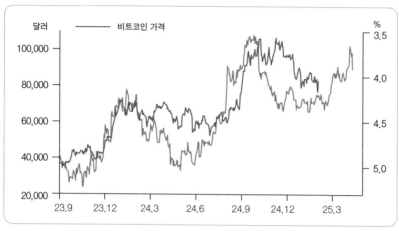

주: 비트코인 가격은 10주 기간 조정 반영
출처: 블룸버그, 하나증권

관관계를 형성하고 있으며, 규제 혹은 개별 수급 관련 이슈가 발생하는 시기를 제외하면 대체로 금융시장의 투자심리(나스닥과 비슷하게 움직일 가능성이 높음)에 크게 영향받는 모습을 보인다는 점도 고려할 수 있습니다. 이러한 관점에서 향후 움직임을 전망해 보면, 앞서 채권금리의 급등락 가능성에 대해 설명했던 바와 같이 통화 정책과 관련한 빈번한 해석 변화 과정에서 암호화폐시장도 높은 변동성을 보일 것으로 예상할 수 있습니다.

암호화폐시장의 변수들: 규제 완화? 양자컴퓨터?

미국 정부 관점에서 암호화폐시장의 규제 완화가 필요한 이유에 대해서는 여러 의견이 있습니다. 먼저 암호화폐로 연결되는 블록체인 기술도 엄연히 하나의 기술 분야인 만큼 해당 분야에서 경쟁우위를 점하기 위해 정책적 뒷받침이 필요하다는 주장입니다. AI와 반도체, 양자컴퓨터, 우주항공 산업 등과 함께 혁신 산업의 영역에 놓여있는 블록체인 기술을 선점하고자 하는 의지가 반영될 수 있다는 것입니다.

더불어 미국 국채시장의 큰 손이었던 중국이 지금은 보유자산을 다각화하는 과정에서 달러 자산의 비중을 줄여나가고 있는 가운데, 높은 재정적자와 국채의 추가 발행에 따른 수요처로 암호화폐시장을 활용할 것이라는 의견도 등장했습니다. 이러한 관점에서는 스테이블코인 중심의 규제 완화 가능성이 언급되고 있습니다. 일반적으로 스테이블코인은 특정 자산을 담보로 하여 연동시키는 형태로 신규 물량을 발행하는데, 가장 많이 사용되는 것이 미국 국채이기 때문입니다. 규제 완화를 통해 스테이블코인의 발행이 활발해질 경우 미국 국채 수요를 상당 부분 소화할 수 있다는 효과도 함께 거론되고 있습니다.

장기적인 관점에서 비트코인 중심의 암호화폐들이 가치 저장 수단으로 안정화되기 위해서는 규제 완화가 필수입니다. 일단 미국증권거래위원회 위원장이 암호화폐 친화적 성향의 폴 앳킨스로 교체된 것은 긍정적이지만, 주요 법안들은 의회를 통과해야 한다는 사실도 변동성 요인이 될 수 있습니다.

상원과 하원 모두 공화당이 과반 의석을 차지하고 있는 의회 구조가 형성되어 있지만, 보수적인 성향의 의회가 신속한 규제 변화에 적극적이지 않을 수도 있습니다. 특히 우선순위 관점에서 본다면 국제 무역과 관세, 이민자 정책, 예산안 처리 및 부채 한도, 지정학적 리스크 등 다양한 상황들이 암호화폐시장의 규제 완화 주제보다 앞서 자리하고 있을 가능성이 높기 때문입니다. 성장의 방향성에 대해서는 더딘 속도의 법안 처리 과정이 트럼프 당선과 금리인하 기대를 선반영하며 달려나간 암호화폐시장의 변동성 요인으로 작용할 수 있습니다. 트럼프 1기 때는 102개의 공약 가운데 24개(23.5%)만이 이행되었다는 점도 함께 참고할 필요가 있습니다. 트럼프 2기 정부가 비트코인 전략자산 비축 계획을 실행하는 과정에서 신규 물량의 추가 매입 내용이 제외되고, 민·형사 절차를 통해 몰수된 비트코인으로 한정하면서 시장을 실망시켰던 것도 동일한 맥락에서 살펴볼 수 있는 내용입니다.

더불어 규제 완화의 수혜 영역에 놓여있을 비트코인 등 주요 암호화폐들과 일부 스테이블코인들을 제외한 알트코인들의 경우, 오히려 자금 흐름의 차별화 확대 현상이 나타나면서 장기적으로는 가격 괴리가 커질 수 있다는 점에 유의해야 할 것입니다.

한편 2024년 11월, 구글의 양자컴퓨팅 칩셋 윌로(Willow)가 주목받으면서 암호해독과 암호화폐 해킹 우려가 부각되기도 했으나, 양자컴퓨터 기술이 위협적인 수준에 도달하려면 10년 이상이 걸릴 것이라는 전망과 아직까지 암호화폐 채굴 능력인 '해시함수'를 풀어내는 알고리즘 자체가 개발되지 않았다는 점을 고려한다면 당장은 이 같은 기술이 암호화폐시장을 크게 위협하기는 어려울 것이라 예상할 수 있습니다. 이는 양자컴퓨팅 관련 종목들의 높은 주가 변동성과 사이버 보안 기술에 대한 필요성이 부각되고 있는 최근 분위기에서도 충분히 유추 가능합니다.

│ 금과 유가: 2025년 내 추가 상승 가능성 점검

금과 원유는 시장에서 많은 관심을 받는 원자재입니다. 금은 안전자산으로 활용되는 대표 상품이며, 원유는 대부분의 경제 활동에 기초가 되는 에너지원이기 때문입니다. 이들은 물가와도 밀접한 관계를 맺고 있습니다. 금의 경우 가치 저장 수단으로 인플레이션 헤지 역할을 할 수 있는 자산으로 분류됩니다. 원유는 생산 활동의 재료로 사용되기 때문에 인플레이션을 유발할 수도 있고, 반대로 안정시키는 데 기여하기도 합니다. 그야말로 생활과 밀접한 관계를 맺고 있는 것이죠.

결론부터 정리해보면 두 원자재 모두 2025년 가격 상승 요인들을 안고 있지만, 정책 불확실성에 노출되는 과정에서 엇갈린 방향성을 보일 것으로 예상됩니다. 먼저 공통으로 해당되는 부분은 달러화의 움직임입니다. 관세 영향이 아니더라도 꾸준히 지속되어 온 미국 경제 우위의 차별성이 좁혀지면서 달러 강세 기조는 약화될 가능성이 존재합니다. 미국 외 다른 나라의 경제가 개선되는 신호를 보이면서 상대국 통화가치가 변화할 수 있다는 측면에서 환율 영향이 나타날 수 있고, 이는 달러화의 움직임과 역의 상관관계를 형성하는 금과 원유가격에 영향을 미칠 전망입니다.

개별 요인들을 살펴보면 금은 트럼프 재집권 이후 더욱 강화되고 있는 미-중 갈등과 지정학적 리스크, 재정적자 확대 우려, 물가 상승 유발 정책 등에 주목해야 합니다. 갈등과 지정학적 리스크로 인한 경제 제재는 금에 대한 수요 증가로 이어질 수 있습니다. 그동안 외환보유고에서 높은 비중을 차지하고 있던 달러화 자산(미국 국채)을 줄여나가는 과정에서 금의 편입 비중을 높이는 패턴이 나타나고 있습니다.

실제로 지난 2022년 러시아-우크라이나 전쟁 시작 이후 금 가격 상승이 이어지고 있습니다. 서방 국가들의 자산 동결 조치가 중국, 러시아 등으로 하여금 금을 매입하도록 유도하는 모습입니다. 더불어 미국의 재정적자가 증가하는 과정에서 형성되는 가치 저장 수요 역시 금의 수급에 영향을 미칠 전망입니다. 다만 관세 정책의 경계감이 해소되는 과정에서는 일시적인 금 가격 조정 가능성도 염두에 둘 필요가 있겠습니다.

원유는 관세 불확실성이 완화되는 시점에 한 차례 반등이 나타난 후 박스권 흐름을 이어갈 것으로 예상됩니다. 앞서 달러화의 방향 전환 촉매제 중 하나로 작용할 중국 부양책 등의 정책 효과가 확인되는 과정에

그림 13 글로벌 중앙은행들의 금 보유량 증가세 가속화

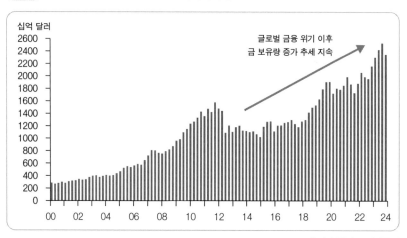

출처: 블룸버그, 하나증권

서 원유의 수요 개선 기대감이 증가할 수 있습니다. 더딘 경제 회복 영향으로 수요 전망에 대한 눈높이가 낮게 형성되었던 만큼 상승 요인이 반영될 가능성은 충분하다고 할 수 있습니다. AI를 비롯한 주요 성장 산업 기반의 전력 수요 증가 역시 유사한 맥락에서 살펴볼 수 있습니다.

다만 원유시장의 경우 공급 증감에 따라 민감하게 반응하는 특징이 있어, 경제에 어려움을 겪은 산유국들의 감산 의지 약화와 세계 최대 산유국의 지위를 미국에게 내준 사우디아라비아가 시장점유율을 높이면서 영향력 확대에 힘을 쏟을 가능성, 그리고 트럼프 대통령이 물가 안정을 위해 전통 에너지 산업의 활용 비중을 높이는 과정에서 원유 생산 규모를 증가시킬 가능성이 있다는 것은 원유 공급량을 증가시키면서 유가 상승을 제한하는 요인으로 작용할 전망입니다.

시장의 주인공은 결국 금리!
모두가 눈치를 볼 2025년 금리 움직임과 자산가격 전망은?

권애리 SBS 기자

트럼프 2기라는 거대한 요소는 지금 모든 경제주체들의 가장 큰 관심사일 것입니다. 하지만 원래 시장이 늘 눈치를 살피는 주인공 중의 주인공은 '금리'죠. 돈에 매겨지는 가격, 돈의 값인 금리는 시장의 처음이자 끝일 수밖에 없습니다. 트럼프 2기라는 거대 요소에 긴장하는 이유도 결국 이 상황이 금리에 얼마나 큰 충격을 미칠 것인지 모두 주시하고 있기 때문입니다. 돈의 가격인 금리는 그때그때 시장의 모든 요소들을 반영하며 달라지고, 또 그렇게 달라진 금리가 시장의 모든 요소들에 다시 영향을 미치는 과정을 이해하는 게 곧 '경제 트렌드를 읽는다'는 말과 같은 뜻이라고 할 수 있습니다.

박승진 하나증권 해외주식분석실장이 집필한 'PART 2 금융과 투자 측면에서 보는 글로벌 경제 전망'은 세상의 모든 정책금리 중에서도 우리에게 실시간으로 영향을 미치는 미국의 기준금리 전망을 중심으로 올해 주요 자산들에 대한 가격 전망을 제시합니다. 일단 미국의 기준금리는 올해 2회 정도 더 인하될 것이라는 게 박승진 실장의 전망입니다. 한번에 0.25%p씩 모두 0.5%p를

2025년 안에 더 내리면 연말에 미국의 기준금리는 3.75~4.0% 수준이 될 것입니다. 이 기준금리의 자력이 미치는 범위 안에서 2025년 세계 경제가 움직일 것으로 이해해도 된다는 겁니다.

미국의 기준금리가 우리에게 '실시간으로' 영향을 미친다는 건 좀 과장 같다고요? 그렇지 않습니다. 문자 그대로 '실시간' 영향을 받고 있습니다.

예를 들어보겠습니다. 제가 오늘 주택담보대출을 받으러 은행에 간다고 해보겠습니다. 은행이 제시하는 이자는 은행이 저에게 빌려줄 돈을 구한 비용(조달금리)을 기준으로 결정될 것입니다. 즉 돈을 비싸게 구해왔으면 저에게 그 비용에 얼마를 더 얹어서 이자를 책정할 것이고, 싸게 구해왔으면 저에게 제시하는 이자도 낮게 책정해주겠죠(은행의 대출금리=준거(조달)금리+가산금리). 요즘 주택담보대출에서 가장 많이 받는 유형인 '혼합형 금리' 상품으로 대출을 신청하면, 이때 은행이 제시하는 금리의 기준은 은행채 5년물입니다. 은행이 돈을 구하기 위해 발행하는 채권, 그중에서도 만기 5년짜리 은행채의 금리를 기준으로 삼는다는 겁니다. 이 은행채 5년물 금리는 매일 달라지는데, 미국 정부가 발행하는 채권, 즉 미국 국채 10년물 금리가 오르고 내리는 영향을 실시간으로 받습니다. 그리고 미국 국채 10년물의 금리는 그 당시 미국 기준금리의 자장 안에서 움직입니다. 실시간 영향인 것이죠.

정말 금리가 앞에서 말한 정도만 내려가는 데 그친다고 하면, 2024년 9월 미국의 금리인하가 시작됐을 당시 시장이 가졌던 기대보다는 느린 속도의 인하입니다. 하지만 2025년이 지속적인 금리인하기에 포함될 것이란 예상에는 변함이 없습니다. 2025년 초만 해도 일각에서 "금리가 동결만 돼도 다행이야. 이러다가 다시 금리를 올릴지도 몰라" 같은 의견들이 나왔던 걸 생각해보면 말이죠.

금리가 이렇게 꾸준히 내려가게 되면 '달러에 붙는 돈값'이 꾸준히 내려간다는 얘기가 됩니다. 즉 달러는 지금이 정점이라고 보고, 앞으로 조금씩 저렴해질 것이라 전망하고 있습니다. 달러 앞에 다른 통화들이 맥을 추지 못했던 2024년과 달리, 비달러 통화들의 가치가 지지될 만한 정책이 펼쳐질 가능성이 크다는 점(이를 테면 중국)도 작용합니다.[1]

달러가 저렴해질수록 달러 대비 가치가 올라가는 셈인 대표 가상자산들이나 금의 가치는 좀 더 오르거나 최소한 떨어지지 않고 버틸 것으로 봅니다. 전 세계적으로 갈등 상황들이 이어지다 보니 금의 매력은 퇴색될 수가 없다는 것이죠. 비트코인 같은 대표 암호화폐는 트럼프 정부의 수혜를 어떻게든 입게 될 것이란 분석도 덧붙였습니다. 다만 2025년 그 등락의 흐름은 우리가 코로나 이후 한동안 익숙해진 '극적인 그래프'를 그리지는 않을 것이라고 해당 파트에서는 예측하고 있습니다. 기준금리 인하 쪽으로 쏠린 방향성이 2025년 단 한번도 바뀌지 않는다고 해도, 시장(채권)금리는 자꾸만 오르락 내리락 들썩일 가능성이 크다는 겁니다. 이에 따라 금융시장도 그때그때 갈팡질팡 흔들릴 수 있겠죠. 간단하게 말하면 '박스권 안에서 요동이 거셀 것이다.' 이렇게 요약할 수도 있겠습니다.

그렇다면 이런 전망을 내놓은 근거는 무엇일까요? '금리를 좀 내릴 수 있을 때 내려놓자. 2025년 2회 정도는 내려놓을 수 있겠다.' 이 파트에서 관측하고

---

1   이 부분은 PART 1에서 거론되고 있는 '비달러 통화들의 환율 약세 경쟁 가능성'과 상충되는 측면이 있다는 것을 이미 눈치챈 독자들도 있을 것입니다. PART 1에서는 특히 수출 중심 국가들이 트럼프 정부의 관세 정책에 대응하기 위해 자국 통화 약세 정책을 추진할 가능성에 대해 염려하고 있습니다. 반면에 PART 2는 달러 가치가 이제 정점을 지났을 확률이 높다고 진단합니다. 중국과 일본을 비롯한 여러 나라들이 내수에 좀 더 중점을 두기 위해 자국 통화의 가치를 끌어올릴 정책들을 펼칠 가능성이 크다고 분석하고 있는 것입니다. PART 1과 PART 2가 각각 개진하고 있는 환율 관련 전망이 서로 상충된다기보다, 트럼프 2기에 펼쳐질 불확실성에 대응하는 데 있어서 이처럼 서로 방향성이 다른 압력들이 시기에 따라 교차할 가능성이 크다고 이해하는 것이 가장 적절할 것입니다. 트럼프 2기 정부가 추진하고 있는 정책들이 이미 그 자체로 서로 상충하는 모순점들을 안고 있듯, 각국 통화들도 현재 이렇게 서로 다른 방향성을 가진 압력들 안에서 균형점을 찾아가게 될 것으로 보인다는 겁니다. 외환시장에서 정확히 어떤 압력들이 왜 발생하고 있느냐를 다각도로 짚어냄으로써 지금의 경제를 둘러싼 변수들을 좀 더 심도 있게 파악할 수 있습니다.

있는 2025년 연준의 속내입니다.

물가가 오르는 이유는 크게 2가지입니다. 사겠다는 사람이 많아서도 오르지만 팔릴 만한 재화나 서비스가 적어도 오릅니다. 지금의 미국 경제에서는 코로나19 이후로 두드러지게 나타났던 후자의 상태가 해소되고 있습니다. 공급발 인플레이션, 즉 공급에 차질이 빚어져 나타나는 물가 상승 요인은 많이 제거된 상태라는 겁니다. 해당 파트에서는 특히 '엔데믹이 돌려놓기 시작한 물가'(105쪽 참조)에서 미국 주택시장의 예를 들어 설명하고 있죠.

이렇게 팔릴 만한 재화와 서비스가 다시 많아질 때, 즉 공급 면에서 물가가 아직 급등 쪽을 향하지 않을 것 같은 환경이 펼쳐질 때 연준이 금리를 좀 더 내려놓고 싶어 한다는 게 여기에서의 진단입니다. 그래야 앞으로 경제에 무슨 일이 생겨도 금리를 동결하거나 오히려 얼마간 올리는 시나리오까지 모두 선택지 안에 두고 폭넓게 고민해볼 수 있기 때문입니다(099쪽 '연준의 정책금리 인하, 그리고 의구심'에서 언급한 '정책 대응 여력' 참조).

그렇다면 앞에서 언급한 '무슨 일'이란 도대체 어떤 일을 말하는 걸까요? 여기서 다시 트럼프 대통령이 등장합니다. 트럼프 2기가 확실시되면서 트럼프 정부의 정책들이 물가를 다시 끌어올릴 수 있다, 이른바 '트럼플레이션'이 나타날 수 있다는 우려가 시장에 팽배했습니다. 해당 파트에서 자세히 서술하고 있듯이, 트럼프 정부가 내세우는 정책들이 대부분 물가를 자극할 만한 정책들이기 때문입니다. 트럼프 2기 정부가 발표한 대로 수입품에 세금(관세)이 붙으면 물건 값은 오를 가능성이 커집니다.

그런데 트럼프 2기 정부는 미국인들의 세금은 또 대규모로 깎아주겠다고 합니다. 세금이 덜 걷히는 만큼 정부가 빚을 더 지게 될 것은 자명합니다. 안 그래도 이미 너무 많은 빚을 지고 있는 미국 정부가 시장에 또 "돈 좀 빌려줘" 하고 손을 벌릴 수 있다는 것이죠. 그러면 채권자들은 "이자를 더 많이 주지 않으면 이젠 힘들겠어" 하고 팔짱을 낄 것입니다. 결과적으로 미국 정부가 발행하는 국채 금리, 즉 시장금리가 올라갈 수밖에 없는 방향입니다.

게다가 트럼프 2기 정부는 특히 저소득층 외국인, 즉 숙련된 기술 없이 단순 노동에 종사할 외국인 노동자 계층이 미국으로 들어오는 것을 더욱 까다롭게 만들 태세입니다. 이미 들어와 있는 불법 이민자들도 내쫓는다고 하고요. 코로나19 대유행 당시 나타났던 물가 급등의 '컴백' 가능성을 높이는 정책입니다. 코로나19 대유행 당시 바로 이런 사람들이 노동시장에서 사라지면서 물가는 치솟기 시작했습니다. 당장 청소할 사람, 가게에서 물건을 팔 사람, 식당에서 주문을 받을 사람들이 사라지자 이들의 임금이 치솟게 되고 이는 곧 물가 급등으로 연결됐습니다.

반면 트럼프 2기 정부가 다른 곳에서 물가상승률을 끌어내릴 방법을 찾을 것이란 의견도 만만치 않습니다. 그중 하나가 바로 기름값입니다. 이 정부는 어떻게든 기름값을 끌어내려 전체 물가를 진정시킬 것이라는 생각입니다. (그러나 해당 파트에서는 기름값도 올해 결국 상승 압력이 좀 더 크게 작용할 것으로 진단하고 있습니다. 상승세가 제한될 수는 있지만 오르긴 오르는 모습이 나타날 가능성이 크다는 설명입니다.) 다른 하나는 정부효율화입니다. 테슬라 CEO인 일론 머스크가 DOGE란 부처를 만들어 진두지휘하고 있는 공무원 축소가 진행되면, 월급을 줘야 할 공무원이 대폭 줄어들 것이고 그만큼 미국 정부가 빚을 더 낼 필요가 없어진다는 논리입니다.

물가상승률 하락 압력 중 하나로 AI(인공지능)도 끼어듭니다. 이미 미국에서는 AI가 사람을 대체하는 모습이 꾸준히 나타나고 있다고 해당 파트의 필자는 진단합니다. 실업자가 새로 늘어나는 모습은 별로 보이지 않는데, 한 번 실업 상태가 되면 다시 일자리를 찾기가 힘든 모습이 뚜렷하게 나타나고 있기 때문입니다. 미국의 고용주들이 인력을 적극적으로 내보내고 있지는 않습니다. 하지만 사람이 한 명 나가면 그 자리에 AI 소프트웨어를 가져다 놓지 신규 인원을 충원하지 않는 모습이 점점 구조적으로 자리 잡고 있다는 겁니다(126쪽 'AI와 실업률의 관계' 참조). 생산자 입장에서는 인건비를 줄이고 생산성을 높이는, 즉 공급 면에서 물가상승률 하락 압력으로 작용할 수 있는 변화입니다.

이렇게 물가상승률을 끌어올릴 수도, 끌어내릴 수도 있는 여러 요소들이 자꾸만 충돌하면서 인플레이션 불확실성이 커진 상태가 이어질 것으로 전망되는 2025년입니다. 그래서 연준의 FOMC는 '금리를 내릴 수 있을 때 좀 내려놓자. 다만 내리는 폭이 그렇게 크지는 않다'는 자세로 임하고 있다는 진단입니다.

또 하나, 해당 파트에서 간략하게나마 설명하고 있는 미국 연방준비제도(Federal Reserve System)와 연방준비은행(Federal Reserve Bank)들의 구성에 대한 내용은 이 기회에 확실히 기억해 두면 앞으로 경제 기사를 접할 때 큰 도움이 될 것입니다. '연준은...'으로 시작하는 경제 기사들을 무수히 접하게 되지만, 정작 그 연준이 어떻게 이루어져 있고 어떠한 방식으로 일하는지에 대해 제대로 알고 읽는 사람은 그리 많지 않습니다. 연준과 연준의 연방공개시장위원회(Federal Open Market Committee)에 대한 이 책의 설명 정도만 상식으로 가지고 있어도 경제 기사를 읽는 깊이가 달라질 것입니다.

특히 2025년 FOMC 12명이 어떻게 구성되는지 그 면면도 함께 소개하고 있는데요. 연준의 FOMC는 우리나라 한국은행의 금융통화위원회와 같은 곳입니다. 2025년 미국의 기준금리를 이 12명이 결정하는 것이죠. 지금까지 그랬던 것처럼 앞으로도 경제 기사에서 자주 접하게 될 이 12명이 가진 기본적인 입장에 대해서도 해당 파트에서는 간략하게 설명하고 있습니다. 여기에 나온 설명 정도만 염두에 두고 금리 관련 기사들을 접해도 행간을 훨씬 더 풍부하게 읽을 수 있습니다.

PART
3

변화의 중심에 있는
글로벌 주식시장

키움증권 책임연구원

한지영

미국의 경기침체, 트럼프 당선, 연준의 통화 정책 불확실성, AI 산업 호조 등 여러 호재와 악재를 경험했던 글로벌 주식시장은 2025년에도 여러 가지 변수와 불확실성을 마주하게 될 것입니다. 본능적으로 불확실성은 기피하고 싶은 대상이지만, 이러한 불확실성이 주식시장에서는 기회를 제공하기도 합니다. 그것이 주식시장의 특성이자 본질인 것이죠. 2025년 글로벌 주식시장에는 어떤 불확실성과 기회가 있을까요? 이번 파트에서는 연준, 트럼프, 기업 실적이라는 3개의 주제를 통해 투자 아이디어를 정리해보고자 합니다.

우선 주식시장이라는 곳이 어떤 곳인지 짚고 넘어갈 필요가 있기에 앞에서는 주식시장이 어떻게 흘러가는지, 주식시장에도 존재하는 각 계절의 특성은 어떻게 다른지 다뤄보겠습니다. 그런 다음 글로벌 증시를 좌우하는 첫 번째 축인 연준의 통화 정책을 살펴보면서 2025년 주식시장에 연준의 결정이 미치는 영향을 다각도로 점검해보겠습니다. 또한 트럼프 2기에 들어서 전 세계에 여러 불확실성을 초래하고 있는데, 트럼프와 관련한 이런 불확실성의 실체를 살펴보고 투자 포인트를 짚어봤습니다. 마지막으로 기업 실적에 대해서 알아볼 텐데요. 2025년에도 AI가 전 세계 주도주가 될 가능성이 높은데, 이를 바탕으로 미국 증시가 지속적으로 높은 수익률을 제공할 수 있는지 점검해봤으며, 비관론 일색인 한국 증시가 과연 2025년에도 부정적인 주가 흐름을 보일지 긍정적인 시각으로 접근해봤습니다.

개미들에게 희비를 안긴 주식시장, 그곳이 알고 싶다

2024년 한국을 제외한 주요국의 주식시장은 예상보다 좋은 성과를 보였습니다. 엔비디아를 중심으로 한 AI 메가트렌드, 주요 기업들의 양호한 이익 성장, 미국 연준의 금리인하 기대감 등이 주식시장의 상승 동력이 되었습니다. 2024년 8월, 엔-캐리 트레이드 청산, 미국의 침체 내러티브 확산, AI 수익성 둔화 우려로 블랙먼데이(2024년 8월 5일)를 경험하기도 했지만, 그동안 누적된 학습효과와 내성으로 인해 미국, 유럽, 일본 등 주요국의 증시는 그야말로 순항했습니다.

하지만 국내 증시는 달랐습니다. 지난해 한국 증시의 투자 난이도가 유독 거칠고 높게 느껴졌던 것은 이전에 비해 국내 증시 소외 현상이 심했기 때문입니다. 2022년 약세장의 경우 미국, 일본, 중국, 유럽 등 여타 증시들도 동반 약세를 보이면서 주가 부진의 원인을 외부 변수 탓으로 돌릴 수 있었습니다. 2023년 강세장 역시 여타 증시와 동반 강세

그림 1 **2022~25년 주요국 증시의 연간 수익률**

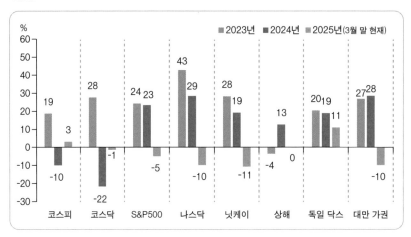

출처: 블룸버그

를 보였을 때 같은 이유들이 거론됐습니다. 그러나 2024년 국내 코스피는 약 10%대, 코스닥은 약 22%대 급락한 반면, 미국, 일본, 중국, 유럽 등 다른 증시들은 10~20% 상승을 연출하는 등 역대급 소외 현상이 출현했습니다. 이제 투자자들은 2025년 국내 증시가 2024년의 부진을 만회할 수 있을지, 아니면 연이어 부진한 주가 흐름을 보일지를 놓고 저울질하고 있습니다.

그런데 2025년 들어 전 세계 금융시장은 상황이 묘하게 돌아가고 있습니다. 주식시장 내에서는 2024년 20% 이상 급등하며 전 세계 수익률 상위를 기록했던 미국 증시의 추세가 무너질 정도로 불안한 주가 흐름을 보이고 있는 상태입니다. 한국, 유럽, 중국 등 지난해 수익률 하위권에 있던 다른 증시들은 미국보다는 나은 주가 흐름을 보이고 있습니다. 이를 보면 금융시장은 위험자산에 대한 선호도가 높은 것으로 볼 수 있겠지만, 글로벌 금 시세도 2025년 2월 중 한때 3,000달러를 돌파하는 등 안전자산에 대한 선호도도 만만치 않게 높은 분위기입니다. 그런데 시간이 지날수록 위험자산을 기피하려는 현상이 확산되고 있음을 확인할 수 있습니다. 엔비디아, 테슬라 등 전 세계 대장주 역할을 하는 미국의 M7 주식들은 2025년 고점 대비 10% 이상 하락하면서 서학개미들(미국 주식에 투자하는 한국 투자자들)에게 힘겨운 시기를 보내게 하고 있습니다. 또 2025년 미국의 소매 판매, 소비자심리지수 등 여러 지표들이 부진하게 나오다 보니 미국의 경기침체, 스태그플레이션(경기침체와 인플레이션 급등이 동반하는 최악의 경제 상황)에 대한 이야기가 다시 거론되고 있습니다.

지금은 금융시장이 냉온탕을 빠르게 오가고 있는 형국입니다. 이런 상황에서 우리 투자자들은 어떻게 대응하는 것이 좋을지에 대한 의문이 앞설 따름입니다. M7 주식을 포함한 미국 주식시장이 많이 빠졌으니 저가 매수 차원에서 미국 주식 투자 비중을 다시 늘릴까요? 아니면 한국, 중국 등 다른 나라 증시가 2025년 초 이후로 좋았으니 앞으로 좋을 것이라는 믿음을 가지고 이들 증시에 투자금을 더 넣을까요? 고민이 깊어지는 상황입니다.

지난 2025년 2월 18일 발표된 BofA의 글로벌 펀드매니저 설문조사를 살펴보면 도움이 될 것입니다. 해당 설문조사에서는 강세장의 촉매로 중국 경기성장(35%), AI 생산성 혁명(19%), 연준 금리인하(14%), 러시아-우크라이나 평화협정(12%), 미국 감세(11%) 등이 꼽혔습니다. 반면 약세장의 촉매로는 글로벌 무역 분쟁(42%)이 1순위로 꼽혔으며, 그 뒤

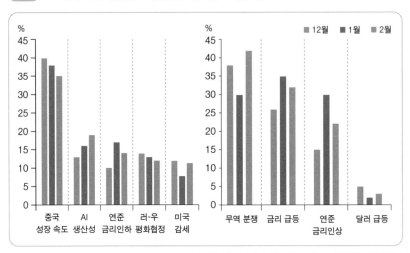

그림2 2025년 증시 강세장(좌)과 약세장(우)의 촉매에 대한 설문

출처: 뱅크오브아메리카(BofA) 서베이, 키움증권 리서치센터

를 이어 무분별한 시장금리 상승(32%), 연준의 금리인상(22%) 등이 지목 됐습니다. 상기 촉매들은 FOMC, 고용, 소비자물가지수(CPI) 등 거시적 인 변화와 트럼프 관세, M7 주들의 주가 향방과 직결된 변수들이며, 해 당 설문조사는 전체 시장 참여자들의 생각을 비추는 거울입니다. 결국 글로벌 주식시장은 이 같은 강세장 촉매 확보 혹은 약세장 촉매 회피를 위한 수싸움이 전개될 것으로 보입니다.

| 예측이 어려운 주식시장, 도대체 어떤 곳인가?

2025년 우리는 여러 불확실성을 고려하면서 주식 투자에 임해야 합 니다. 이를 위해서는 먼저 주식시장이라는 곳이 어떠한 요인에 의해 움 직이는지 어떤 특성을 갖고 있는지 파악하는 것이 중요합니다.

우선 주식시장은 정해진 운율에 맞춰 움직이는 곳이 아니라 예측하기 어렵게 수시로 변주곡을 연주하는 곳입니다. 당시에 처한 시대적 환경, 정부와 중앙은행의 정책 우선순위, 여러 가지 경제 여건 등 증시를 둘러싼 맥락이 변화하게 되면 기존에 우리가 알고 있던 매뉴얼로는 대응하기가 어렵습니다. 당초 100% 예측을 기대하기 어려운 곳이라는 이야기로 들릴 것입니다. 수많은 투자자들이 주식시장에서 꾸준한 수익을 내기 어려운 것도, 소수만이 수익을 내게 되는 것도 바로 이만큼 시장을 예측하기 어렵기 때문입니다.

주식시장은 온갖 인간 군상이 한데 모여 어우러지는 과정에서 심리가 자주 바뀌는 곳입니다. 투자자들은 미래의 사건이나 이벤트가 실제로 일어난 뒤에 투자하기보다는 미래에 일어날 사건이나 이벤트의 경로를 사전에 베팅하는 편입니다. 지금의 시점에서 보면 2026년도 혹은 그 이상의 미래 사건은 아직 일어나지 않은 일인데, 투자자들은 그 시기에 일어나거나 일어나지 못한 일들에 대해서 각자의 예상을 반영합니다.

이처럼 주식시장은 전망이 가능한 곳이긴 하지만 그 전망이 실제로 정확히 맞아 들어갈 확률이 낮은 곳이기도 합니다. 그렇다 보니 온갖 전망과 예측을 남발하는 보고서와 관련 도서, 그리고 이를 인터넷이나 방송을 통해 이야기하는 전문가들을 과연 어디까지 믿어야 할지 의문이 생길 수밖에 없습니다. 물론 예측하는 일 자체가 무의미한 것은 아닙니다. 우리는 예측이 없으면 목표를 설정할 수 없고 그것을 이루지 못했을 때의 결과를 이후 자신의 삶에 적용할 수 없을 테니까요. 다만 예측 가능성의 한계를 인식하는 것이 중요합니다. 예측을 베이스로 전략을 수립하면서도 변주곡을 연주하는 주식시장의 상황에 맞게 대응할 필요가 있습니다.

주식 투자에 있어서 가장 중요한 것은 기업의 실적이지만, 주가는 실적 외에도 다양한 외부 환경에 영향을 받기 마련입니다. 수치상 기업 실적이 아무리 좋게 나와도 실적 발표 시점이 중앙은행의 통화 정책 회의를 앞두고 있거나 예상치 못한 지정학적 변수가 발생한다면 실적과 무관한 주가 흐름을 보이기도 합니다. 결과적으로 실적, 거시경제, 수급, 심리 등 여러 복잡한 변수들이 주식시장을 움직입니다. 이처럼 확실한 것 하나 없는 이곳에서 우리가 먼저 설정해야 하는 것은 개인의 기본적인 투자 성향을 파악하고 이를 어느 쪽으로 잡을 것인가 하는 문제입니다.

개인적인 생각을 풀어보자면, 투자 성향은 기본적으로 낙관적, 장기적으로 가져가는 것이 좋습니다. 그 이유는 주요국들의 주식시장 역사를 돌이켜봤을 때 강세장이 더 자주 출현했고 그 시기도 약세장에 비해 길었기 때문입니다. 투자 서적이나 대가들의 말에 귀 기울여 보면 투자 기간을 길게 가져갈수록 수익을 낼 확률이 높다는 것을 알 수 있습니다. 주가 지수를 추종하는 상품이든 개별 주식이든 간에 보유기간을 길게 가져갈 필요가 있으며, 그 기간은 최소 1년 이상으로 정하는 것이 좋습니다. 주식 투자를 했을 때 투자 기간을 길게 가져가면 갈수록 손실의 발생 확률은 줄어들고 수익의 발생 확률은 늘어나기 마련이며, 특히 10년 이상 보유한다면 손실은 거의 발생하지 않는다는 것이 주식시장이 주는 역사적인 교훈입니다. 투자 기간이 짧으면 주식시장의 사소한 사건이나 소음들이 손실의 위험을 증가시키고, 투자 기간이 길면 길수록 그러한 위험에 휘말리지 않게 됩니다.

주식시장에 내딛는 첫걸음,
투자 사이클과 불확실성을 활용하라

주식시장이 어떤 환경에 놓여 있느냐에 따라, 우리가 주식시장에서 어느 위치에 있느냐에 따라 수익을 낼 확률은 달라집니다. 전쟁, 경기 침체, 전염병과 같은 위기가 한꺼번에 들이닥치더라도 주식시장에서 수익을 내는 일은 가능하지만, 이러한 환경 속에서 수익을 낼 수 있는 확률은 과연 얼마나 될까요? 반대로 중앙은행이 금리를 인하하거나 전쟁이 종전 혹은 휴전된다면 시장의 전반적인 환경이 좋아짐에 따라 수익을 낼 수 있는 확률은 큰 폭으로 상승할 것입니다.

과거를 돌이켜보면 주식시장은 장기적으로 우상향합니다. 하지만 이런 우상향 과정이 일직선으로 45도 각도로 상승하는 것이 아니라 그 안에서 상승과 하락을 반복하면서 상승합니다. 10년이든, 100년이든 그 시기 동안 주식시장은 강세장(상승장), 약세장(하락장), 박스권장 등 여러 형태의 장세가 번갈아 출현하고, 이것이 하나의 사이클을 만드는 셈입니다.

단기적인 주가 움직임을 예측하는 것은 신의 영역에 가깝습니다. 그렇다면 긴 시간을 두고 크게 출렁이는 파도의 움직임만 포착하더라도, 즉 주가의 큰 사이클만 이해하더라도 투자 성공의 확률은 높일 수 있습

그림 3 주식시장의 사계절 장세

니다. 주가는 단순하게 보면 상승과 하락, 그리고 보합이라는 3가지 형태의 움직임을 보이지만 이를 사이클로 구분 짓기에는 추상적입니다. 상승하는 데에도 여러 가지 이유가 있고 하락하는 데에도 수많은 이유가 존재하기 때문입니다. 어떤 조건이나 환경에서 상승이나 하락을 많이 하는지 분류하는 작업이 필요한데, 이러한 주식시장은 회복, 성숙, 후퇴, 침체가 하나의 사이클을 형성합니다. 이를 정리해보면 다음과 같습니다.

금융장세(회복)

경제가 특정 요인에 의해 침체에 빠져들고 이로 인해 기업 실적이 크게 훼손되면서 주식시장이 급격하게 냉각하게 되면 정부와 중앙은행은 대규모 보조금, 규제 완화, 금리인하, 양적 완화 등 각종 재정 및 통화

부양책을 시행해 실물 경제 회복에 총력을 기울입니다. 그 과정에서 창출되는 막대한 투자금이 주식시장으로 유입되는 경향이 있습니다. 경제와 기업 실적은 이제 막 회복되고 있는 단계이지만, 막대한 유동성과 주가가 바닥이라는 인식의 조합은 주식시장의 본격적인 반등을 이끌어 냅니다. 이 기간 동안의 주가 반등을 일시적인 것으로 받아들이는 투자자들도 상당수 있습니다. 예를 들어, 2020년 3월 코로나19 팬데믹 이후 각국 중앙은행과 정부가 무제한적인 부양책을 시행했던 시기가 여기에 해당됩니다. 당시 시중에 막대한 돈이 풀리면서 동학개미운동으로 일컬어지는 개인투자자들의 대규모 주식 투자 참여로 증시가 활황을 보였습니다.

실적장세(성숙)

주식시장은 바닥을 치고 올라가고 있고, 경제와 기업 실적은 본격적으로 개선되기 시작합니다. 앞으로 더 좋아질 것이라는 기대감이 유동성과 만나서 주가 상승 요인으로 작용합니다. 신고가를 기록하는 종목들도 늘어나게 되고, 뉴스에서는 주식시장에 대한 낙관론을 보도하는 비중이 늘어납니다. 애널리스트의 매수 보고서들은 인기를 끌고, 주식 관련 유튜브 채널의 조회수도 가장 많이 나올 때가 바로 이 시기입니다. 이 현상이 지속되면 얼마 지나지 않아 중앙은행은 그동안의 공격적인 완화 정책을 거두고 경기와 주식이 과열되는 것을 방지하기 위해 양적 완화 축소 등 정상화 작업에 나섭니다. 2021년은 국내에서도 주식 관련 유튜브 채널이나 증권사 애널리스트들의 보고서가 대중의 인기를 끌었던 시기였습니다. 동시에 연말로 갈수록 연준과 같은 중앙은행이 물가 상승, 경기과열을 우려해 슬슬 금리인하 중단 및 인상을 검토한다는 이야기가 나오기도 했었는데, 이 시기가 실적장세(성숙)의 보편적인 특징에 해당됩니다.

역금융장세(후퇴))

주식시장은 상승 추세 자체를 유지하고 있지만, 시간이 지날수록 상승 탄력이 둔화되고 신고가를 기록하는 종목 수도 감소합니다. 물론 기업들의 현재 실적도 좋은 편이고 다음 해의 실적도 대체로 높게 나올 것이라는 전망이 지배적이긴 합니다. 하지만 이익의 성장률이 둔화되면서 실적이 곧 정점을 찍을 것이라는 우려의 목소리가 들리는 시기입니다. 여전히 금융시장이나 실물 경제에 돈이 많이 풀려 있는 상태이기 때문에 인플레이션이 발생합니다. 중앙은행은 물가 안정을 도모하기 위해 금리인상 등 긴축 정책을 단행하는 시기입니다. 금리인상 초기에는 주식시장도 이런 낙관적인 해석에 힘입어 상승하지만 금리인상 부담이 누적되면 분위기는 바뀌게 됩니다. 2021년 하반기~2022년 상반기가 유사한 사례입니다. 2021년 연말부터 미국 연준의 금리인상 이야기가 나오기 시작했고, 2022년 3월 본격적으로 금리인상을 단행했습니다. 그 시점에 러시아-우크라이나 전쟁으로 에너지 가격이 치솟음에 따라 인플레이션이 발생했습니다. 2022년 한 해 동안 전 세계 주식시장은 약 10~20% 하락세를 겪을 정도로 힘겨운 시기를 보내기도 했습니다.

역실적장세(침체)

각국 중앙은행의 연속적인 금리인상과 정부의 지출 축소로 실물 경제 주체들의 소비 수요가 감소하고 기업 실적 전망도 어두워집니다. 실제로 기업 실적이 본격적으로 둔화함에 따라 이들은 투자와 고용을 꺼리게 되고, 고용시장의 위축은 근로자들의 소득 감소로 이어져 전반적인 경제가 둔화하거나 심하면 침체에 빠져들게 됩니다. 단기 금리는 기준금리 인상으로 인해 높은 수준에 있지만, 기준금리뿐만 아니라 미래 성장 전망까지 반영하는 장기 금리는 하락하는 경향이 있습니다. 은행들도 대출에 소극적으로 나서게 되면서 실물 경제에는 돈이 돌지 않게 됩니다. 이 모든 것들은 주식시장에 부정적으로 작용하는데, 이때 많은 투자자들이 주식시장을 떠나게 됩니다. 앞서 역금융장세 시점과 맞물린 2022년과 2023년 기간이 가장 유사한 최근의 사례입니다. 당시 고금리 사태의 장기화로 인해 미국 지역 은행들이 파산하는 사태도 있었고, 미국이나 한국 등 주요국의 경기도 불안한 흐름을 이어가는 등 2022년은 가장 많은 투자자들이 실망하는 시기였습니다. 2023년 주식시장은 빠른 반등세를 보였으나 직전 해의 부진한 성과에 대한 두려움이 남아 있어 상승장의 온기를 고스란히 누린 투자자들은 많지 않았습니다.

위에서 설명한 4가지 장세가 오늘날 주식시장에 정확하게 들어맞는 것은 아닙니다. 특정 장세에 머무르는 시기도 생각보다 짧아서 마치 그 장세를 건너뛰는 것처럼 느껴질 수도 있습니다. 하지만 "모든 것에는 사이클이 있고, 사이클에서 나의 위치를 알면 확률을 내 편으로 만드는데 도움이 된다"는 투자의 대가 하워드 막스(Howard Marks)의 이야기처럼, 지금 시장이 사이클상 어디에 있는지를 아는 것 자체만으로도 도움이 됩니다. 주식시장에서는 다양하게 전개되는 사건과 상황 변화에 대한 이해, 그리고 그에 따른 전략적 대응이 필요합니다. 주식시장에서 투자자들의 마음을 뒤흔드는 용어인 불확실성도 마찬가지입니다. 경기 불확실성, 중앙은행 불확실성, 기업 실적 불확실성, 정치 불확실성 등 오늘날 우리는 여러 불확실성을 마주하고 있습니다. 우리도 사람인지라 확실하지 않은 것에 두려움을 갖는 것은 당연합니다.

매년 주식시장 관련해 들리는 말이 '대외 불확실성이 그 어느 때보다 높을 것으로 예상되는 한 해', '불확실성이 증폭된 시기의 대처 방법'과 같은 표현입니다. 하지만 정확히 말하면 위험을 감수하면서 수익을 얻으려는 행위가 주식 투자입니다.

위험에는 불확실성이 수반되기 마련입니다. 위험과 불확실성이 없는 투자는 현금을 들고 있는 것 외에는 없습니다. 불확실성은 우리가 피해야 할 대상이 아니라 활용해야 하는 것입니다. 본능적으로는 불확실함을 피하고 싶겠지만, 투자에 있어서는 그 본능을 거스르는 마음가짐과 공부가 필요합니다. 그렇다면 2025년 주식시장은 어떤 기준에 중점을 두고 바라봐야 할까요?

2025년 글로벌 증시를 좌우하는 3가지 축

첫 번째 축:
글로벌 경제를 좌지우지하는 미국 연방준비제도

2025년 주식시장에는 안전판이 하나 있습니다. 불확실성으로 인한 미국 연준의 금리인하가 글로벌 주식시장에는 안전판으로 작용할 것이라 전망하는 것인데요. 불확실성이 높아지면 실물 경제 주체들과 금융시장 참여자들에게 '부정적 자기 실현적 예언'을 하게 하면서 경제나 기업 실적의 악화를 유발할 수 있습니다. 예를 들어 '앞으로 경제가 안 좋아지고 불확실성이 높다는데, 그럼 나도 소비를 줄이고 허리띠를 졸라매야 하지 않을까' 하는 식으로 생각하는 사람들이 하나둘 늘어난다고 가정해보겠습니다. 그렇게 되면 실제 소비가 줄어들고 기업과 자영업자들은 매출에 타격을 입게 됩니다. 이후 경기가 둔화되고 이에 영향을 받는 주식시장에서도 주가가 하락하는 기업들이 속출하게 되죠. 하지

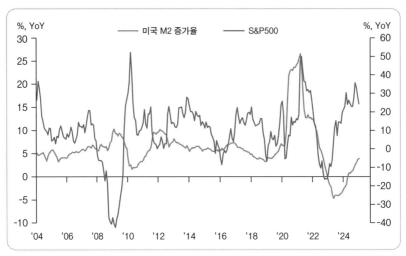

그림 4 미국 M2 증가율과 주식시장의 관계

출처: 블룸버그

만 이를 상쇄시켜주는 것이 2024년 하반기부터 시작된 각국 중앙은행의 금리인하를 통한 시중 유동성 증가입니다. 위의 〈그림 4〉는 M2라 불리는 미국의 대표 유동성 지표와 미국 S&P500 지수를 전년 동기 대비 변화율로 비교한 것입니다. M2[1] 지표가 위로 올라가면 시중에 유동성이 증가한다는 것을 의미하는데, 이 지표가 위로 올라가는 동안 주식시장도 상승했다는 점에 주목해야 합니다. 반대로도 마찬가지입니다.

여기서 논란이 되는 부분은 과거 연준의 금리인하 시기를 보면 증시가 하락했던 시기도 있었고 상승했던 시기도 있다 보니, 이번에는 과연

---

1   M2는 현금통화+요구불예금 및 수시입출식 저축성예금+ MMF+수익증권+시장형 상품+ 2년 미만 정기예적금, 금융채, 금전신탁을 합해서 계산한 유동성 지표를 말한다. 〈그림 4〉에서 보라색 M2선이 올라가면 시중에 유동성이 증가하는 것이고, 하락하면 시중 유동성은 감소함을 보여주고 있다.

전자의 경로를 따를지 후자의 경로를 따를지에 대한 불확실성이 발생하고 있다는 점입니다. 한쪽에서는 '연준의 금리인하 = 악재'로 이야기하고 있는 것이죠. 연준의 금리인하가 경기침체에 대응하기 위한 사후적 인하였으며 당시 주식시장은 급락을 면치 못했기 때문입니다. 하지만 반대 진영에서는 1995년이나 1998년처럼 '연준의 금리인하 → 예방적 처방 → 증시 호재'라는 긍정적 피드백 사이클이 형성될 것이라는 의견을 제기하고 있습니다. 2024년 하반기 중 미국 경기침체 우려가 부각됐으며, 2024년 9월 단행한 금리인하는 사후적, 사태 수습성의 뒤늦은 금리인하라는 목소리에 힘이 실리기도 했습니다. 하지만 앞으로의 금리인하 사이클은 과거의 전형적인 사태 수습성 금리인하가 아니라 선제적(예방적) 금리인하가 될 것입니다. 1957년 이후 S&P500의 통계를 살펴봐도, 침체를 수반한 금리인하와 침체를 수반하지 않는 금리인하 모두 평균 수익률의 차이는 크지 않았지만 최대 하락률(-16% vs -4%)은 큰 폭의 차이가 있었습니다.

여기서 주목할 것은 2025년 금리인하 폭이 그리 크지 않을 것이라는 전망입니다. 그동안 미국 지표 호조의 원동력이었던 소비 경기는 고물가, 고금리 부담 누적, 고용 정상화, 초과저축 고갈 등으로 둔화될 가능성이 높아 보입니다. 연준은 이 같은 경기둔화를 예방하고자 선제적으로 금리인하를 단행한 것으로 보는 시각도 있습니다.

지금은 연준보다 트럼프의 입에 주목할 때

미국 증시가 불안에 휩싸일 때 구원투수로 연준이 종종 등장하기도 합니다. 특히 주기적으로 치러지는 FOMC를 통해 연준은 시장 친화적인 발언, 시장 달래기성 발언을 하면서 험악해진 증시 분위기를 여러 차례 환기시킨 전력도 있습니다. 2025년 3월 FOMC도 그럴 법했습니다. 3월 FOMC 직전 시장은 연준이 관세, 경기침체 우려 등을 반영하면서 매파적인 태도를 보일지에 대한 불확실성을 안고 해당 회의를 기다렸으나 큰 이변이 없었다는 사실만으로도 위안을 받았습니다. 제롬 파월 의장은 최근 경제 전망에 불확실성이 더해지고 있는 것은 관세의 영향 때문이고, 관세가 인플레이션에 미치는 영향은 '일시적'일 것이라는 평가를 내렸습니다. 동시에 설문조사에 기반한 심리지표의 부진에 연준이 대응하는 것을 원치 않으며, 실물 데이터는 견조하다는 식의 입장을 내비치면서 시장의 불안을 달래주는 회의였다고 생각합니다.

여기서 사람들은 제롬 파월 의장의 '일시적'이라는 발언에 불안을 품을 수 있을 듯합니다. 2021년 하반기 중 제롬 파월 의장이 인플레이션을 일시적이라고 진단내렸지만, 이후 2022년 연말까지 인플레이션이 급등하면서 공격적인 긴축을 단행했고, 증시는 고점 대비 20% 이상 급락하는 약세장을 경험했기 때문입니다. 당시에는 유가 등 실제 가격들이 인플레이션 급등을 만들어낸 측면이 있지만, 현재는 심리지표들이 인플레이션 우려를 만들어내고 있다는 점이 차별화되는 부분입니다. 지금 시점에서 시장 참여자들이 염두에 두고 있는 설문에 기반한 데이터에는 정치적인 노이즈가 개입되어 있다는 사실입니다. 미시간대 소비자심리지수만 봐도 그렇습니다. 공화당 측은 경기는 좋고 인플레이션은 낮아질 것이라는 생각이 강한 반면, 민주당 측은 경기는 나쁘고 인

그림 5 미국 연준의 2025년 경제 전망 변화

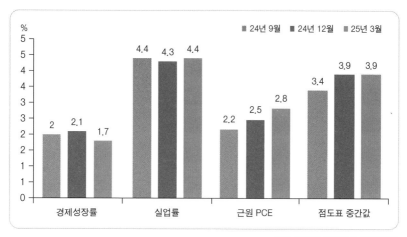

출처: FOMC, 키움증권 리서치센터

플레이션은 높을 것이라는 생각이 강한 것으로 집계되는 등 트럼프 2기 정부에 대한 서로 다른 생각이 데이터에 노이즈를 만들어내고 있습니다. 또 미시간대 설문에 참여한 응답자들을 대상으로 현재 정부 정책에 대한 조사를 해보면, '정부 정책에 대한 긍정적인 뉴스를 들었다'에 대한 언급 비율과 '부정적인 뉴스를 들었다'에 대한 언급 비율의 격차는 역대급으로 크게 확대되었습니다. 최근 트럼프, 일론 머스크 등 트럼프 진영의 관세, 정치, 공무원 해고 등의 여러 행보에 대한 부정적인 뉴스가 설문조사에 기반한 데이터에도 전염된 상태임을 알 수 있는 대목입니다.

그렇다면 우리는 어디에 중심을 두고 가야 할까요? 필자가 제시하고자 하는 관점은 침체 불안, 관세 충격에 따른 스태그플레이션 우려는 과도하다는 것입니다. 2024년 11월 트럼프 대통령 당선 이후 미국 경

기를 둘러싼 지배적인 의견은 골디락스, 미국 독주, 미국 우선주의가 약화될 것이란 관점입니다. 경기침체가 올 것이라는 의견이 강화되려면, 주요 실물 경제지표들이 잇따라 쇼크를 기록할 정도로 급격히 위축되어야 한다는 조건이 붙어야 합니다. 하지만 현시점에서는 심리지표가 실제 침체로 이어질지에 대해서는 의문을 품고 가는 것이 적절합니다. 일례로 침체 의견이 확산되면서 주식시장을 급락시킨 2024년 8월과 달리 경기 서프라이즈 지수가 견조하다는 점을 눈여겨볼 필요가 있습니다(2024년 8월 −40pt대 vs 2025년 1분기 −5pt대 내외). 결국 제롬 파월 의장이 기자회견에서 강조한 것처럼, 시장은 설문에 기반한 데이터보다는 실물 데이터에 주력해야 함을 시사합니다. 동시에 실물지표에 기반한 데이터의 방향을 결정하는 것은 2025년 4월부터 본격적으로 시행되는 트럼프의 관세 정책인 만큼, 시장은 당분간 연준 인사들의 연설보다 트럼프 진영의 발언에 더 무게중심을 두어야 할 것으로 전망합니다.

그럼 앞으로 펼쳐질 트럼프 2기의 관세 문제는 연준의 통화 정책과 주식시장에 어떤 영향을 미칠까요? 트럼프 취임 후 시작된 관세 정책은 인플레이션의 불확실성을 키울 수 있으며, 연준의 2025년 통화 정책 경로에 영향을 미칠 수 있습니다. 하지만 이번 관세 정책은 1기처럼 실제로 관세를 부과하기보다는 협상 용도로 활용할 가능성이 있는 만큼 트럼프발 인플레이션 리스크가 크지 않을 것이라는 전망도 있습니다. 2018년도 미−중 무역 분쟁 당시에도 관세로 인한 인플레이션 상승 및 그에 따른 연준의 금리인상 가속화 논란이 있었습니다. 그러나 당시 실제 수입물가 상승이 미국 인플레이션 전반에 미친 영향력은 크지 않았다는 점을 되새겨봐야 합니다. 점도표를 보수적으로 제시한 것도 마찬 가지입니다.

점도표는 연준 위원들의 평균적인 금리 수준에 대한 생각을 직접적으로 엿볼 수 있다는 점에서 유용한 측면이 있지만, 그대로 실제 기준금리가 움직이는 것은 아닙니다. 예를 들어 현재 기준금리가 3%이며 점도표상 다음 해의 금리 전망치 중간값을 5%대로 제시했다 하더라도 실제로는 기준금리가 그 수준에 있지는 않을 수 있습니다. 과거 연준

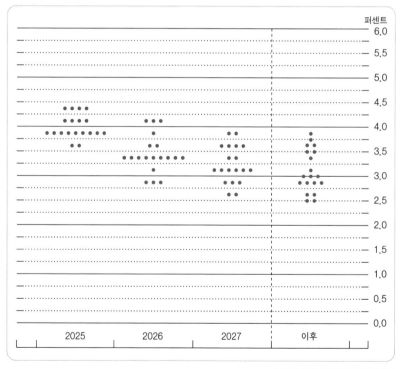

그림6 연준의 점도표(2025년 3월 FOMC 제시)

은 몇 차례나 점도표대로 금리인상을 하지 않았던 혹은 못했던 사례가 있었습니다. 2015년 12월 연준은 2008년 금융위기 이후 도입했던 제로금리에서 처음으로 0.25%p 금리를 인상했고, 당시 시장에서는 연준의 금리인상 사이클이 수년간 공격적으로 진행될 것으로 예상했습니다. 점도표에서도 이를 확인할 수 있었는데, 2015년 FOMC에서 공개한 점도표상 2016년 금리 전망치는 최소 1.375%에서 최대 1.875%였습니다. 만약 점도표상에 나타난 숫자 그대로 연준이 0.25%p씩 인상한다고 가정했을 때, 연준은 2016년 말까지 5~8회 금리인상을 했어야 하지만 2016년 말 실제 기준금리는 0.5%로 0.25%p씩 매년 1회, 2년에 걸쳐 총 2회 금리인상 하는 데 그쳤습니다. 이처럼 점도표상 예상되는 금리 경로에 연준의 기준금리가 실제로 따라가지 못하는 것은 연준이 후행적으로 움직이기 때문입니다.

또한 점도표는 19명의 연준 인사들이 자신만의 기준을 가지고 찍는 것이긴 하지만, 외부에서는 왜 특정 금리 수준에 점을 찍기로 했는지 그 이유를 알 수 없고, 이들이 얼마만큼의 확신을 가지고 그 점을 찍었는지 알 수 없습니다. 금융시장 참여자들 입장에서는 연준 인사들의 생각을 어느 정도 읽을 수는 있겠지만 제한적인 정보만 제공한다고 보는 것이 적절합니다.

두 번째 축:
트럼프 2기에 주식시장이 대비해야 하는 것들

앞에서 2024년 한 해 동안 한국을 제외한 다른 국가들의 연간 주식시장 전체 수익률이 좋았다고 언급했습니다. 하지만 2024년 11~12월 두 달 동안은 미국 증시 외에 다른 나라 증시들도 그리 좋은 주가 흐름을 보이지는 못했습니다. 트럼프 당선 이후 변화에 대한 불안감 때문이었습니다.

2018년 트럼프 1기 당시 무역 분쟁의 트라우마가 재발되지 않을까 우려한 것이죠. 2018년 미-중 무역 분쟁이 본격화했을 당시 중간재를 중심으로 수출 및 무역 의존도가 높은 국내 증시는 그해 20% 가까운 주가 급락세를 보였습니다(2018년 연간 등락률 코스피 -17.3%, 코스닥 -15.4%). 또 2018년에 비해 시가총액 비중이 높아진 이차전지주들의 경우 트럼프 2기의 보조금 혜택 등 친환경 관련 법안들이 쇠퇴할 경우 이들 업체들에게 부정적으로 작용할 수 있다는 불안감도 영향을 주었습니다. 실제 트럼프 취임 이후 본격적인 내각 구성이 이루어지면서 이전보다 관세 부과 움직임이 빠르게 진행되었습니다. 지난 1기와 마찬가지로 2025년 4월 2일 트럼프는 관세를 공식적으로 발표했습니다. 모든 국가에 10% 보편관세를 기본적으로 부과하되, 국가별로 추가 상호관세를 20% 이상씩 부과했습니다. 예상보다 강도 높은 관세로 인해 전 세계 금융시장은 큰 혼란을 겪기도 했지만, 4월 말 현재 관세의 수위는 이전보다 낮아졌습니다. 중국을 제외한 모든 국가에 상호관세는 90일간 유예하기로 결정한 것입니다(보편관세 10%는 유지). 물론 중국에게는 145%의 고율 관세를 부과했고, 중국 역시 134%의 대미 관세를 부과하는 등 강 대 강 국면으로 전환했지만, 주식시장 참여자들 대다수는 이제 관세율의 숫자는 의미가 없고 이 두 국가가 협상을 통해 얼마나 관세율을 낮춰갈 것인지 주시하고 있습니다.

하지만 지난 트럼프 1기와는 차별화되는 부분이 있다는 점에 주목해야 합니다. 우선 한국, 대만, 일본 등 주요 아시아 국가의 기업들은 전반적으로 미국에 대한 리스크에 노출되어 있는 금액이 여타 국가 대비 상대적으로 높아졌습니다. 이는 지난 1기 무역 분쟁, 코로나19, 러시아-우크라이나 전쟁이 미국으로 하여금 리쇼어링, 프렌드 쇼어링 형식을 빌어 자국으로 다른 국가들의 투자를 늘리게 하는 정책을 진행해왔다는 데서 기인합니다. 이 같은 쇼어링 정책은 미국 우선주의를 추구하는 트럼프 2기에서도 그 바통을 이어갈 것입니다. 반도체 등 중간재 수출 비중이 높은 한국에게는 기회요인이 될 수도 있다는 것입니다. 더 나아가 트럼프의 관세 정책은 미국의 만성적인 무역적자를 메우기 위한 방

그림7 트럼프의 관세 사이클

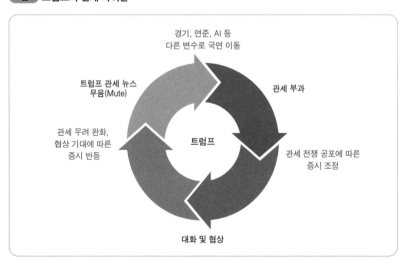

출처: 키움증권 리서치센터

편이었지만, 트럼프 1기 내내 미국의 무역적자는 오히려 확대되면서 실효를 보지 못했습니다. 또한 1기 때에 비해 높아진 인플레이션, 공화당 내부 및 유권자들 내에서 발생하는 반대 여론 등을 감안하면 '보편적 관세 부과 → 전면적인 무역 분쟁 재개'의 시나리오가 발생할 확률은 낮을 것으로 예상됩니다. 결국 트럼프 2기의 관세 정책은 프렌드 쇼어링, FTA 등을 위한 협상용 카드로 쓰일 가능성이 높습니다.

과거 2018년 무역 분쟁 때처럼 전 세계 증시의 급락을 수시로 유발하기보다는 '관세 부과 → 증시 변동성 확대 → 협상 및 관세 시점 변경 → 변동성 진정'과 같은 주가 진폭에만 영향을 주는 데 그칠 것으로 전망합니다.

감세 정책에 대해서도 살펴보면 지금 공화당 내부에서는 트럼프가 공약으로 내세운 법인세, 소득세 인하, 초과근무수당 등 세금 관련 공약을 수정하는 것이 불가피하다는 의견들이 나오고 있습니다. 2025년 만료 예정인 세금 감면 조치의 연장 여부 문제가 대표적인데요. 이를 연장할 경우 10년 동안 약 4조 달러의 비용이 발생할 수 있으며, 이를 메우기 위해서는 인플레이션감축법(IRA) 예산 축소만으로는 부족하기에 감세 규모를 축소하는 방안이 제기되고 있습니다. 2024년 초 벤 버냉키(Ben Bernanke) 전 연준 의장도 비슷한 이야기를 했습니다. 그는 트럼프가 공약으로 제시했던 '감세 및 고용법' 연장이 완료된 상태이기에 정책 파급력은 크지 않을 것으로 평가했고, 불법 이민자 강제 추방 등 강경 반이민 정책의 변화 속도도 빠르지 않을 것이라는 주장을 펼쳤는데, 이는 앞에서 설명한 내용과 궤를 같이 하는 부분입니다.

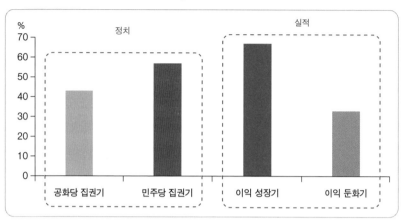

그림 8 1923~2023년까지 S&P500 플러스 수익률의 요인 기여도

출처: 블룸버그, 키움증권 리서치센터

무엇보다 주식시장에 더 중요한 것은 미국 대선 이후 정치 지형 변화는 업종 및 개별 종목의 단기적인 가격 움직임에만 영향력을 행사한다는 점입니다. 중장기적인 주가 변동의 큰 줄기는 이익과 거시경제 환경에 달려 있습니다. 1923~2023년까지 미국 S&P500이 높은 수익률을 기록했을 때의 요인을 분석해 보면, 공화당 집권기(43%), 민주당 집권기(57%)보다 기업 실적 그 자체가 주가 상승의 주된 동력이었습니다. 또 트럼프 1기 당시 에너지, 철강 등 트럼프 정권 수혜주로 불리는 업종들의 성과보다 반도체 등 여타 업종의 성과가 시간이 지날수록 좋았습니다. 바이든 집권 시기도 마찬가지인데, 바이든 피해주라 불리는 에너지, 화학 등 친환경주들의 성과가 당선 이후 수익률이 상대적으로 우수한 것으로 집계됐다는 점에 주목해야 합니다. 동시에 트럼프 2기 돌입과 무관하게 수년 전부터 진행되고 있는 지정학적인 변화에 더 많은 관

심을 가지면서 투자 기회를 찾아야 할 것으로 판단됩니다.

　트럼프 2기 출범 이후 다소 차이가 있겠지만 2025년 주요국 경제와 주식시장은 지정학적 갈등, 무역 갈등이 대두되는 시기에 놓여있습니다. 자국 우선주의, 서방과 비서방 국가들 간의 이념 대립 등으로 정치 논리 개입을 심화시킴에 따라, 글로벌 공급난의 발생 빈도 또한 현저히 높아질 수 있습니다. 지정학적 불안 대두, 경제 블록화 등은 미국이 금리인하 사이클에 돌입한 현재 중앙은행의 금리인하 폭에 제약을 가할 수 있으며, 이는 주식시장이 '고금리→저금리'가 아닌 '고금리→중금리' 시대에 머물러 있어야 함을 시사합니다. 주식시장 참여자들은 2025년 주식 투자 전략을 수립할 때 이 같은 구조적인 변화에 대비해야 합니다. 세계화 둔화, 공급망 변화, 무역 블록화 등에 대해서도 알아두어야 한다는 의미죠.

　주식 투자자들 입장에서는 기업 실적 변화를 따라 가기도 바쁜데 왜 이런 구조적인 변화까지 주목해야 하는 것일까요? 이들 구조적인 변화는 주식시장에 여러 시사점을 던지고 있기 때문입니다. 1980년대 이후 신자유주의가 대두되는 과정에서 세계화가 빠르게 진행되었지만, 2008년 금융위기로 인한 침체가 세계화 추세의 커다란 변곡점을 만들었습니다. 금융위기의 충격이 각국에 동일하게 전달되지 않았으며 그 과정에서 국가 간, 국가 내 불평등이 확산됨에 따라 반세계화 여론이 거세진 것이죠. 2016년 트럼프가 미국 대통령에 당선된 이후 미-중 무역 분쟁, 이후 기술·외교·군사 등 여러 방면에서 양국 간 패권 갈등, 그리고 2020년 코로나19 팬데믹을 거치면서 전 세계 교역 둔화세는 좀처럼 멈

그림 9 주요국들의 교역 자유도

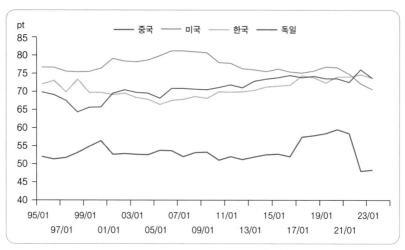

출처: 세계무역기구, 키움증권 리서치센터

출 줄 모르는 분위기입니다. 여기에 방점을 찍은 것이 2022년 러시아-우크라이나의 전쟁입니다. 이 전쟁은 당사자들의 문제를 넘어서 주요 대륙 정치에 영향을 주고 있으며, 이는 전 세계 경제 질서를 변화시키고 있습니다. 전쟁으로 인한 지정학적 대립은 과거 세계 질서의 중심에 있었던 경제적 통합에 분열을 일으킬 수 있는 불씨로 작용할 것입니다. 이러한 지정학적 문제는 미국, 유럽, 중국 등 주요 대륙 내 핵심 국가 간 긴밀하게 연결되어 있던 과거와 달리 지역 간 경제 블록화가 진행되고 있다는 것으로, 세계화가 종결됐다기보다는 변화하고 있다는 것으로 이해해야 합니다. 그렇다면 이렇게 변화하는 세계화 과정에서 중장기적으로 주식시장에서는 어디에 주목하고, 어느 곳에서 기회를 찾아야 할까요?

〈그림 9〉에서 확인할 수 있듯이 수십 년간 자유무역을 통해 성장해 온 전 세계 경제는 전쟁, 전염병 등 대형 사건들을 거치면서 자원민족주의, 보호무역주의가 강화되고 있는 추세입니다. 향후 미국을 비롯한 서방국가 진영과 중국, 러시아 등 비서방국가들 간의 진영 대립과 경쟁은 쉽게 사그라들지 않을 것입니다. 서방의 금융자본 중심의 자유주의 시장경제체제 대 중국, 러시아의 국가주도 중심의 산업자본주의경제체제 간 단절이 나타날 가능성이 높습니다. 그 과정에서 자유무역의 색채는 더 옅어질 것으로 보이며, 각국은 신냉전, 세계화 재편 구조에서 진영 간 블록 구축, 혹은 각자도생을 모색해야 할 것입니다. 국가와 기업들은 이념적인 성격에 맞춰 개별 블록이 형성될 것입니다. 이미 미국은 2010년부터 자국 내 제조업 경쟁력을 강화시키기 위해 다방면으로 정책 패러다임의 변화를 추구하고 있습니다. 그 중심에는 초당파적으로 진행되고 있는 리쇼어링과 외국인직접투자가 차지하고 있는데, 이 과정에서 막대한 고용이 창출되고 있습니다. 미국으로 리쇼어링할 때의 장점은 관련 산업 및 기업 간 시너지 효과가 발생한다는 데에 있습니다. 이것이 현재까지 미국 고용시장이 과거 연준 금리인상기 이후 나타났던 것과 다르게 견조한 흐름을 보이고 있는 배경으로 추정됩니다. 주식시장에서도 이미 리쇼어링 집단에 속한 기업들에 더 많은 프리미엄을 부여하고 있습니다. 향후에도 미국의 제조업 르네상스로 대변되는 리쇼어링 정책 강화는 계속될 전망입니다. 미국, 중국 등 주요국들은 상대방을 견제하고 자국 내 산업을 강화시키기 위한 전략에 나설 가능성이 높아 보입니다.

물론 미국의 첨단 반도체 생산장비에 대한 대중 수출 금지, 중국의 중요 인프라 운영자에 대해 미국 기업이 생산한 반도체 사용 금지 등 반도체를 둘러싼 미-중 갈등이 심화되고 있다는 점은 한국과 같은 중간재를 수출하는 국가들에 부담으로 작용할 수 있습니다. 중국에 대한 수출 의존도가 과거에 비해 낮아지긴 했지만, 미국 대 중국 진영으로 나뉘는 경제 블록화는 이전처럼 한국이 양쪽 진영에서 동반 수혜를 누리기 어렵다는 점을 시사합니다. 향후 불안정한 인플레이션 시대에 통화 정책의 한계점이 드러나는 구간에서는 정부의 재정 정책이 향후 경기 방향성에 더 많은 영향을 미칠 것이며, 그 중심에는 투자 주도의 성장 전략이 자리 잡을 것이라는 점에 주목해야 합니다.

리쇼어링, 자국 우선주의 등 세부 성격은 다르지만 공통 분모는 투자입니다. 미국뿐만 아니라 여타 주요 교역국가들이 투자중심 정책으로 선회한다는 것은 중간재에 대한 수입 수요가 늘어나는 것으로 볼 수 있으며, 여기서 반도체, 이차전지, 중간재 수출 비중이 높은 한국과 같은 국가들에게는 새로운 기회요인이 될 수도 있습니다. 동시에 중국을 대체할 수 있는 시장 확보가 중요해진 시점에 반도체, 전기차, 로봇 등 중간재 포함 주요 신산업에 해당되는 업종들의 수출 증가세도 향후 국내 주식시장에서 IT 업종이 주도 업종으로 자리매김할 가능성을 높여줍니다.

전 세계 경제가 금융위기, 팬데믹, 러시아-우크라이나 전쟁을 거치면서 블록화되고 있는 것은 사실입니다. 이러한 경제 블록화는 글로벌 밸류체인 축소와 재편을 초래하면서 중간재 수출 비중이 높은 국가들에게 불리하다는 것이 일반적인 인식이지만, 현재처럼 리쇼어링(또는 프렌드 쇼어링) 시대가 본격화되는 시기에는 중간재 수출 비중이 높은 한국과 같은 국가들에게는 긍정적인 신호로 작용할 수도 있습니다.

중국의 경기부진, 정치적인 관계 변화 등으로 인해 중국에 대한 수출 비중이 감소하고 있기는 하지만, 미국에 대한 수출 비중은 오히려 늘어나고 있다는 점이 이를 상쇄시켜줄 전망입니다. 실제로 지난 2004년 이후 약 20년간 한국의 대중 수출 비중이 대미 수출 비중보다 높은 구조였지만 2024년을 기점으로 대미 수출 비중이 이를 따라잡은 상태입니다. 그만큼 미국 경제와 주식시장에 대한 상관관계가 높아지고 있음을 의미하기도 합니다.

세 번째 축:
기업의 실적과 주도주

2025년 주식시장에서는 미국, 중국 등 주요국의 경기를 둘러싼 고민을 안고 가겠지만 그 해 시장을 견인할 주도주를 선정하는 것이 중요합니다. 주도주는 보통 '스토리 + 실적 + 수급'의 조화에서 탄생하기 마련인데, 2024년과 마찬가지로 2025년에도 AI가 주도주를 유지할 가능성이 높습니다. 트럼프 2기 출범 이후 AI 규제 완화, 전략 인프라 수요 증대 등으로 성장 전망이 여타 산업에 비해 밝은 것이 이들 HBM(고대역폭 메모리), 전력기기, 소프트웨어 등 AI 주들입니다. 지난 2024년 미국 M7의 실적은 기대치의 충족 여부에 대한 문제였을 뿐 해당 기업들의 AI 관련한 설비투자 증가 추세는 계속되고 있음을 확인할 수 있었고, 2025년에도 이들에 대한 증시 의존도는 높아질 것으로 예상합니다.

IT, 전문서비스, 교육 등 주요 업종을 중심으로 AI를 채택하는 기업이 늘어날 것이며, 그 과정에서 AI 소프트웨어, 기기 업체들의 이익이 지속적으로 상승할 수 있는지에 대한 지표를 확인할 수 있을 것입니다. 중앙은행의 금리인하가 미치는 기본적인 효과 외에도 마이크로소프트, 엔비디아, 구글, 아마존 등 빅테크 기업들의 부채비율이 한층 더 낮아질 것이라는 점도 주목해야 합니다. 설비투자 확대 시 필연적으로 발생할 수밖에 없는 이자비용의 부담 둔화는 2025년에도 수시로 제기될 수 있는 AI 산업의 수익성 우려 및 버블 가능성을 해소시켜주는 요인으로 작용할 것입니다. 대신 AI 테마 내에서 수급의 주도권은 엔비디아와 같은 AI 하드웨어 기업에서 AI 소프트웨어 기업(전력기기)으로 이동할 가능성이 높습니다. 시간이 지날수록 AI 하드웨어 업체들의 수익성 한계 논란으로 인해 각국 간 잠재적인 관세 전쟁에서 자유로운 소프트웨어 및 서비스 부문이 두드러질 여지가 크기 때문입니다.

2025년 1월 말 전 세계 주식시장에 화제를 몰고왔던 딥시크도 AI 소프트웨어에 대한 관심을 더하게 된 계기였습니다. 딥시크는 중국의 퀀트 헤지펀드인 하이플라이어가 설립한 AI 스타트업 딥시크의 AI 모델입니다. 해당 모델은 엔비디아의 저사양 GPU를 사용했는데, 그 성능이 오픈AI의 o1 모델과 견주어도 크게 뒤쳐지지 않는 결과물을 내고 있는 것으로 알려졌습니다. 또 학습비용이 고사양, 고가의 GPU를 사용하는 메타 라마 3의 10분의 1밖에 되지 않는 것으로 알려지면서 시장을 놀라게 했는데요. 중국의 이 같은 AI 기술 발전으로 AI 패권 경쟁을 위해 미국 정부가 시행했던 대중 반도체 수출 규제도 실효성을 거두지 못했다는 평가가 뒤따르기도 했습니다. 딥시크 사태가 미국 AI 주에 던진 충격은 실로 대단했습니다. 2025년 1월 27일 엔비디아 주가는 하루 만에 무려 17%나 폭락했기 때문입니다.

물론 딥시크에 대해 팩트체크가 필요한 부분도 있습니다. 일례로 엔비디아의 고성능 칩을 수출 규제를 우회해 활용했는지 여부, 딥시크 측에서 밝힌 약 600만 달러(한화 약 80억 원)의 저렴한 훈련비용에 초기 투자비용과 인건비가 생략됐을 가능성, 오픈AI 모델에서 데이터를 무단 도용한 지식 증류(Knowledge Distillation) 여부 등이 이에 해당합니다. 앞에서 언급한 문제들이 검증되는 과정에서 딥시크는 단순 소음(Noise) 혹은 과대 과장(Hype)에 그칠 수도 있습니다. 이 경우 엔비디아 등 AI 주뿐만 아니라 미국 증시는 기존에 가던 경로(미국 증시 독주, 미국으로의 수급 쏠림 현상 등)로 복귀할 수 있습니다.

하지만 이를 검증하는 데는 많은 시간이 소요되기에, 일단 엔비디아 등 AI 하드웨어 기업들은 '고비용, 고성능 칩 사용을 위한 빅테크의 대규모 투자에 대한 회의', '트럼프 2기 정부의 대중 반도체 수출 추가 규제 우려' 등 관련 우려에서 자유롭지 못할 가능성이 있습니다. 딥시크 사태가 고비용 GPU 사용에 대한 정당성, 수익성에 대한 의문점을 품게 만든 여파입니다. 그런데 중기적인 관점에서 보면 이야기는 달라질 수 있습니다. 딥시크와 같이 오픈 소스 AI 모델을 활용한 추론과 학습비용이 낮아지게 되면 AI 도입 속도가 한층 가속화될 수 있고, 이는 궁극적으로 AI 산업의 확장성을 키울 것이기 때문입니다. 기존에는 IT업체들만 산업의 연관성 측면에서 고비용을 감수하고 AI를 활용해 왔다면, 향

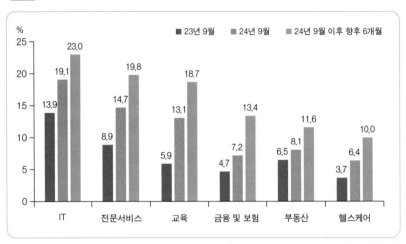

그림 10 2023년 9월 대비 2024년 9월 및 향후 6개월간 산업별 AI 채택률

출처: 비즈니스 트렌드 전망 조사

후에는 소비재, 헬스케어, 부동산 등 타 산업군에서도 비용 부담 완화에 힘입어 추가적인 수요를 창출해낼 수 있습니다. 메타와 마이크로소프트 모두 올해 AI 관련 대규모 설비 구축 계획을 밝혔다는 점도 눈여겨봐야 합니다. 고사양, 첨단 GPU 투자를 통해 AI가 만들어낸 중장기적인 메가트렌드에서 우위를 점하고자 하는 이들의 목적은 꺾이지 않음을 시사합니다. 대규모 투자를 통해 인간 수준의 고성능 AI 기술을 확보해야 하기 때문입니다. 일각에서 우려하는 대로 딥시크 사태가 증시 주도 테마인 AI 사이클을 훼손시킨 것이 아니라 엔비디아 등 AI 하드웨어 업체의 성장 독주에서 AI 비용 하락에 따른 AI 소프트웨어 업체의 수익성 개선이라는 방향으로 이동하게 만든 것으로 보입니다.

물론 중간중간 미국 증시가 단기적인 부침 현상을 겪을 가능성은 열어 두어야 할 것입니다. 하지만 주가가 각 국가들의 이익과 경제 성장에 의해 결정된다고 가정한다면, 2025년 미국만 한 이익 성장과 경제 성장을 보여주는 국가를 찾아보기는 어려울 것입니다. 또 금리 상승은 기업들의 이자 부담을 증가시키면서 이익 마진을 저해할 가능성이 있지만, 엔비디아, 테슬라, 구글 등 M7을 포함한 주요 대장주들은 이자비용보다는 이자 수입 증가분이 그 충격을 충분히 상쇄하고도 남을 정도로 재무안정성을 유지하고 있다는 점도 눈여겨봐야 합니다.

이와 더불어 앞에서 지정학에 관해 언급한 것처럼, 주식시장에서는 방위 산업 주식에 대한 관심을 계속 늘릴 필요가 있습니다. 방위 산업 주식은 구조적인 변화에 수혜를 볼 수 있는 테마입니다. 트럼프는 재임 성공 시 러시아-우크라이나 전쟁을 종결시키겠다고 언급하기는 했으나, 그의 2기 출범 이후 이스라엘, 이란, 사우디아라비아 등 중동 정

그림 11 주요국 방위비 지출 금액 및 연간 증분액

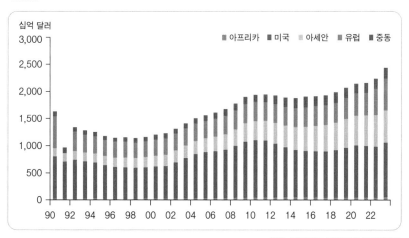

출처: 블룸버그, 키움증권 리서치센터

세는 한층 더 복잡해지고 있습니다. 더욱이 중국의 대만 흡수 통일 욕구가 점증하고 있는 가운데, 미국과 중국의 안보 전략이 충돌하는 곳도 해당 지역인만큼 2025년 미국과 중국은 무역 외에도 안보 측면에서 수시로 갈등을 빚을 것이라는 점에 주목해야 합니다. 이는 트럼프가 제시한 NATO의 방위비 지출 상향 여부 문제(GDP 대비 2% 이상)와 별개로, 각국으로 하여금 국방력 강화의 중요성을 높이는 부분입니다. 국방 예산 증가는 무기 수요 증가로 이어지고 이는 각국 방위 산업 기업들의 수주가 재차 생성되는 상황으로 연결될 수 있는 만큼 방위 산업은 앞으로도 유망할 것으로 전망합니다.

| 2025년 한국 주식시장의 향방은?

2025년 여러 증권사가 내놓은 전망을 보면 우리나라 주식시장인 코스피가 상저하고(上低下高, 상반기에는 저조하고 하반기에는 고조되는 현상)의 흐름을 보일 것이라는 것이 평균적인 견해입니다. 주식시장의 상저하고 경로 배경에는 미국 경기 하강 정도의 불확실성, 연준의 금리인하 중단 시점 불확실성도 있지만, 보다 근본적인 것은 이익 다운사이클에 진입했다는 점입니다. 코스피의 12개월 선행 영업이익 증가율도 2024년 4월 41%에서 고점을 형성한 후 12월 말 17%대까지 둔화된 상태입니다. 역기저효과, 즉 상반기 미국의 소비 탄력 둔화 전망 등을 고려할 때 이른 시일 내에 수출 및 이익 다운사이클 진입 국면에서 벗어나기는 어려울 전망입니다.

그렇지만 증시 역사를 돌아봤을 때 연초의 이익 전망치를 실제 실적이 충족하거나 상회했던 사례는 2010~2011년(자동차, 화학, 정유 사이클), 2017년(반도체 슈퍼 사이클), 2021년(팬데믹 이후 대규모 부양 효과), 2024년(AI 사이클, 금리인하 기대감) 등 소수에 불과합니다. 연초 기업 이익에 낙관적인 편향을 가지고 시작해도 시간이 지날수록 내부 및 외부 요인들의 변화, 실제 기업들의 분기 실적 등을 확인하면서 현실성을 반영하는 것이 일반적입니다. 이는 연초 대비 이익 전망 하향으로 귀결되는 패턴을 만들어냅니다.

2025년의 경우 수출 둔화와 금리인하의 실물 경제 효과, 유동성 증대 등을 반영해 보면 약 7~10% 수준의 하향 조정에 그칠 것입니다. 이렇게 2025년 시장이 대비해야 하는 이익 전망 하향 추세가 평년보다 완만하게 진행될 것이라는 점은 상반기를 지나면서 증시의 상승 토대를 제공할 것으로 보입니다.

향후 한국 주식시장을 전망하기 위해서는 한국 수출과 기업 실적에 선행하는 미국 ISM 제조업지표와 그 안의 세부지표인 신규 주문에 주목해야 합니다. 미국 경제의 전반적인 흐름을 미리 파악하는 데 유용한 공급자관리협회(ISM)의 제조업 구매자관리지수(ISM 제조업 PMI 지수)는 약 20개 업종을 대표하는 400여 개의 기업들을 대상으로 매달 설문조사를 실시해 지수화한 데이터입니다. 이 지수는 기준선을 50포인트로 설정하는데, 일반적으로 50 이상이면 확장 국면, 50 이하이면 위축 국면에 있는 것으로 간주합니다(60 이상이면 경기가 과열된 상태이며, 40 이하는 경기가 후퇴 혹은 침체 국면에 접어든 상태로 봅니다). 그 안에서 가장 중요한 지표가 앞에서 언급한 신규 주문입니다. 이 지표는 전체 종합 수치의 선행 역할을 하기 때문입니다. 신규 주문이 증가한다는 것은 실제 고객 수요가 늘어나고 있는 것이며, 이렇게 증가한 신규 주문은 생산, 고용, 배송, 가격 등 여러 세부항목들에 순차적으로 영향을 줍니다. 더 나아가 미국 제조업체들의 신규 주문 증가는 미국 내 수요뿐만 아니라 전 세계 전반에 걸쳐 수요가 늘어나고 있다는 것으로 볼 수 있습니다. 한국의 수출도 해외 수요에 영향을 받기 때문에 ISM 제조업 신규 주문 지수의 방향성을 통해 한국 수출이 어떠한 흐름을 보일지 예측해볼 수 있습니다. 이런 이유에서 한국 주식시장은 미국발 제조업 수요 변화에 영향을 받는다고 볼 수 있고, 이 지표가 연말 들어 기준선인 50 위에 올라섰다는 점이 긍정적인 부분입니다.

2024년 코스피는 PBR(주가순자산비율)이 0.83~0.85배라는 역사적인 저가 매수 영역을 보이는 과정에서 이익 부진과 트럼프 2기 리스크, 거시경제 불안 등 국내 증시를 둘러싼 악재들 상당부분이 이미 반영된 측면이 있습니다. 이러한 악재는 상당부분 2024년 주가 부진을 통해 반영되었기 때문에 주가의 함수라는 코스피 이익 전망에 영향을 주는 미국 ISM 제조업 신규 주문 호조, 절대적인 수출 의존도가 높은 중국의 경기 회복 기대감 등 호재성 재료가 2025년 수시로 출몰할 수 있다는 점에 주안점을 두고 투자에 임해야 할 것입니다.

국내 주식시장에서는 외국인의 수급(순매수, 순매도)도 중요합니다. 주가를 결정하는 요인은 크게 펀더멘털(기업 실적), 심리(투자자들의 생각), 수급(주식의 물량) 이렇게 3가지로 나누어 구분할 수 있습니다. 국내 수급 주체는 외국인, 기관, 개인으로 구분되어 있는데, 이 중에서 외국인 수급이 주가에 미치는 영향력이 가장 큰 편입니다. 2010년 이후 코스피 추이와 외국인의 순매수 추이를 비교해 보면, 2020~2021년을 제외한 대부분의 기간에서 외국인이 순매수를 하면 코스피가 상승하고, 순매도를 하면 코스피가 하락하는 패턴이 나타났습니다. 포털사이트 검색창에 외국인 순매수, 기관 순매수, 개인 순매수를 입력해 보면 외국인 순매수와 관련된 기사나 웹페이지를 많이 찾아볼 수 있을 것입니다. 그 규모를 정확히 숫자로 뽑기는 어렵지만 한국 증시에 투자하는 국내 일반 개인투자자나 국내 기관들이 투입할 수 있는 자금보다 미국, 유럽, 중국, 일본, 중동 등 한국을 제외한 전 세계 모든 국가들을 외국인으로 분류한 외국인의 총투자자금이 큰 것은 어찌 보면 당연한 일입니다. 이런 측면에서 2025년 외국인의 수급 여건은 주식시장에 긍정적일 확률이 큽니다. 2024년 12월 말 외국인의 코스피 지분율은 31.2%로 연중 고점 35.0% 대비 급감하면서 역사적으로 지분율 평균치를 하회하고 있습니다. 따라서 이제 이들의 한국 증시 비중 축소 작업이 마무리 단계에 진입했을 가능성이 높습니다.

한국 주식시장의 미래를 전망하기 위해서는 환율에 대해서도 짚어봐야 합니다. 1달러에 1,400원대 후반까지 올라온 환율이 2025년에도 국내 투자자들이나 소비자들에게 큰 걱정거리로 작용할 것입니다. 2025년 국내 증시의 부정적인 전망이 힘을 얻고 있는 데에는 정치적 불확실성 등으로 2024년 12월 중 60원 넘게 급등한 환율 상승(원화 약세)이 단초를 제공했습니다. 이는 2008년 금융위기 이후 처음으로 1,480원대에 진입한 것이기도 했습니다. 그렇다면 환율이 왜 문제가 되는 것일까요?

환율은 외국인의 한국 주식 순매수, 기업의 실적 등에 영향을 미치면서 주가의 방향성에 결정적인 역할을 하기 때문입니다. 코스피 주가가 상승할 때 원/달러 환율은 하락하고, 코스피 주가가 하락할 때 원/달러 환율은 상승합니다. 한국 경제는 삼성전자, 현대자동차, LG에너지솔루션 등 수출 대기업을 중심으로 움직이는 국가입니다. 전 세계 소비자, 기업들을 대상으로 장사하는 국가라고 볼 수 있는데, 세계 경제가 부진하면 이들 기업의 수요는 위축되고 한국의 수출도 감소하게 됩니다. 이럴 경우 코스피에서 가장 큰 시가총액 비중을 차지하고 있는 수출 대기업들의 실적은 부진해질 수밖에 없습니다. 이들 실적이 부진해진다는 것은 주가가 하락한다는 것을 의미하며, 궁극적으로 한국 주식시장에도 부정적인 영향을 미칩니다.

세계 경제가 부진해진다는 신호는 바로 달러화의 가격 변화에서도 찾아볼 수 있습니다. 달러는 전 세계에서 기축통화 역할을 합니다. 일반적으로 경제와 금융시장의 상황이 불안해지면, 투자자들은 본능적으로 안전한 자산을 찾게 되는데, 그 안전한 자산 중 하나가 바로 기축통화인 달러로 표시된 자산입니다. 전 세계 경제와 금융시장이 불안할 때 원화의 가치는 하락(원/달러 환율 상승)하고 한국 주식시장의 주가도 하락하는 현상이 발생하는 것입니다.

이러한 까닭에 2025년에도 환율 급등세가 이어지게 되면 수입물가 상승 등으로 인한 기업들의 채산성 악화, 외국인의 증시 순매도 지속 등으로 투자 심리가 한층 더 취약해질 수 있습니다. 하지만 과거 1,300~1,400원대의 고환율은 한국 경제의 기초가 단단하지 못했거나 미국 등 외부에서 발생한 악재가 반영된 것이었지만, 현재는 다른 성격의 고환율로 보는 것이 타당하며 이 같은 변화에 증시도 적응해 나가야 합니다. 이전과 달리 무역수지 흑자 기조에서 출현한 고환율, 기업의 해외 투자 확산, 서학개미 확대 등으로 인해 순대외 금융자산(2024년 3분기 말 9,788억 달러)이 사상 최대 규모로 커지면서 달러의 구조적인 수요 증가, 미국 경제에 대한 의존도 상승 등을 비롯해 과거와 다른 환경이 형성되었기 때문입니다.

일각에서는 이전에 비해 대기업들의 해외 투자가 증가함에 따라 환율 효과를 누리는데 한계가 있다는 지적을 합니다. 2022년 기준 제조업 법인의 해외 매출 비중은 2010년 13%대에서 약 22%대로 늘어났지만 절대적인 수치 자체는 크게 증가하지 않았습니다. 또 환율의 상승은 국내 기업들의 수입비용 증가 및 그에 따른 생산비용 확대 등의 마진 저해 리스크를 유발할 수 있다고는 하지만 해외시장에서 국내 제품들의 판매가격 하락, 수출 가격경쟁력 개선 등으로 인한 매출 효과가 비용 상승 리스크를 상쇄할 수 있습니다. 더군다나 2025년 코스피에 대한 실적 기대치가 높지 않은 상황에서 반도체, 조선, 기계 등 국내 수출기업들에게는 환율 효과가 상시로 생성될 수 있습니다. 최소한 환율 효과는 대기업들이 하반기 사업 계획 수립을 하는 5월 전까지 증시에서 유효하게 작용할 것으로 보입니다. 대한상공회의소에서 조사한 2024년 50대 대기업들이 2025년 사업 계획 수립 시 적용한 예상 환율 범위는 평균 1,300~1,400원대(응답률 60% 이상)로 설정된 상태이기 때문입니다.

연준의 통화 정책 불확실성, 트럼프 2기 정부의 정책 불확실성이 상반기 내내 이어질 수 있다는 점을 고려하면, 빠른 시일 내에 1,400원대 이하로 내려가기 어려울 것이고 이는 국내 수출 기업들에게는 기회로 작용할 것입니다. 이런 영향으로 인한 것인지 2025년 초 국내 증시는 직전 해 연말의 우려와 달리 긍정적인 주가 흐름을 보이기도 했습니다. 이는 환율 급등, 삼성전자 및 LG전자의 2024년 4분기 실적 하락에도 한국 증시가 현시점에서 '더 나빠질 게 없다는 인식'이 긍정적인 주가 되돌림을 만들어내고 있기 때문입니다. 2025년 국내 증시, 그리 비관적으로 볼 필요가 없다는 전망을 하게 되는 이유이기도 합니다.

한국 증시에도 드디어 '봄'이 온다?
그렇다면, 미국 증시가 겪은 '멀미'는?

권애리 SBS 기자

자, 세계 경제의 흐름을 전반적으로 살펴보고, 이제 '본론'으로 넘어왔습니다. 트럼프 2기 정부의 관세 관련 '폭탄 발표'들과 매일 같이 이어지는 '했던 말 뒤집기'가 미국 증시를 비롯해 전 세계 시장을 뒤흔들면서 시장 참여자들의 피로감이 극에 달해 있는 상태입니다. 2025년에 내던져지고 있는 변수들이 주식시장에는 어떻게 작용할 것인가. 한지영 키움증권 리서치센터 책임연구원이 집필한 '변화의 중심에 있는 글로벌 주식시장'은 우리가 지금 가장 궁금한 바로 이 질문에 대답합니다.

결론부터 종합하자면, 2025년 주식시장은 각종 불확실성에도 불구하고 결국 긍정적인 흐름을 탈 가능성이 크다는 게 이 파트의 진단입니다. 최근 미국 증시가 불안하게 출렁이고 있지만, 하반기로 갈수록 조정을 벗어날 수 있을 것으로 내다봤습니다. 집권 초기에 트럼프 정부가 던지고 있는 충격에도 불구하고, 결국 '관세 정책'은 협상 카드로 쓰이는 측면이 더 클 것이라는 관점을 몇 가지 근거를 들어 제시하고 있습니다. 또 지금 미국 경제를 둘러싸고 나오는 부정적 전망들은 '실물 데이터'보다 '심리 데이터'에 기반하고 있다고 분석합니다. 실물 환경을 고려하면, '트럼프 충격'이 스태그플레이션으로 이어질 것이라는 우려는 과도하다는 것입니다. 2025년에도 결국 미국만큼 경제 성장을 이어 나가는 나라를 찾기 어려울 것이라는 게 해당 파트의 진단입니다. '딥시크 파문' 이후 미국 빅테크들에 쏠려 있던 'AI 내러티브'가 훼손될 수 있다는 우려도 있었지만, 결국 'AI 경쟁의 확장성'이 더욱 증폭되는 흐름으로 나아갈 것이라고 관측하고 있습니다. 앞으로 미국 연준의 금리인하 조치도 침체 후 사후 대응이 아니라 경기 연착륙을 지원하는 예방적 인하로 작용할 것이라고 내다봅니다.

다만, 해당 파트는 이제 한국 증시로 관심을 상당 부분 이동시켜도 좋을 시기라고 분석하고 있습니다. "국장 탈출은 지능순"이라는 조롱까지 받았던 한국 증시가 '바닥'을 벗어날 때가 왔다는 전망입니다.

이 파트에서 제시하고 있는 '주식시장의 사계절 장세'는 우리가 주식 투자에 임하면서 늘 참고할 만한 비유입니다. 회복-성숙-후퇴-침체. 봄-여름-가을-겨울로 이어지는 계절 변화에 주식시장의 주기를 빗대어 설명하고 있습니다. 그렇다면 한국 증시는 지금 주식시장의 사계 중에서 어디를 지나고 있을까요? 비록 이 파트에서 제시하고 있는 '주식시장의 사계절'에 대한 고전적인 정의에서 비켜선 지점들이 혼재되어 있긴 하지만, '봄', 즉 '회복'의 구간에 들어섰다고 보는 게 한지영 책임연구원의 진단입니다.

2024년 코스피는 이 파트에서 지적하고 있는 대로 주가순자산비율(PBR)[2]이 0.83~0.85배에 머무는 역사적인 저가 매수 영역까지 내려왔습니다. PBR이

---

[2] 주가순자산비율(PBR, Price to Book Ratio)은 기업의 현재 주가를 주당순자산가치(BPS)로 나눈 값으로, 기업이 진 빚을 모두 빼고 남은 자산 대비해서 지금 주가가 얼마나 높고 낮은지를 판단하는 지표다. PBR이 1 미만이면 보통 해당 기업이 저평가되어 있다고 판단하며, 반대로 PBR이 높을수록 해당 기업이 고평가되어 있다고 볼 수 있다.

1 미만인 정도에 그치는 게 아니라, 2023년 3분기 이후 처음으로 0.8 중반대까지 내려온 상황이었습니다. 코스피에 상장된 기업들을 청산해서 주주들에게 현 주가 그대로 투자금을 몽땅 돌려준다고 해도 돈이 한참 남을 수준이었다는 겁니다. (한참 조정을 겪고 있다고 해도) 미국 나스닥의 2025년 4월 중순 현재 PBR이 5.84를 기록하고 있는 것과 비교하면 그야말로 엄청난 격차입니다. 주가란 '투자자들의 기대에 매겨진 가격'인 셈이니, 한국의 대표 기업들과 미국의 기술 기업들에 대한 투자자들의 기대치가 그만큼 현격한 차이를 보이고 있다는 것이죠.

하지만 2024년 한국 증시가 이처럼 기록적인 저평가 구간에 진입한 건 2025년에 닥칠 악재들을 미리 반영한 측면도 컸다는 것이 해당 파트의 진단입니다. 트럼프 2기 정부의 리스크에 대한 불안뿐만 아니라 우리나라 기업들의 이익률과 수출이 2025년 둔화될 것으로 제시한 선행지표들을 이미 반영한 점이 있다고 보고 있습니다. 이런 가운데 미국의 제조 기업들이 2024년 말 들어 신규 주문을 늘리면서, 전 세계적으로 수요가 살아나고 있다는 신호로 해석된다는 점을 긍정적 전망으로 제시했습니다. 우리나라 경제는 제조업 기반의 수출 경제인 까닭에 세계적으로 수요가 늘어날 때면 그 수혜를 눈에 띄게 누리고, 세계적으로 경기가 하강해 수요가 위축되면 남보다 빠르게 침울해지는 특성이 있습니다. 그런 점에서 2024년 말에 나온 글로벌 수요 회복 조짐은 2025년의 악재들을 미리 상당 부분 반영한 한국 증시에 호재로 작용할 수 있다는 진단입니다. 이번 파트에서 별도로 언급하지는 않았지만, 미국의 금리인하가 시작된 이후 우리나라도 금리인하 주기에 진입해 2025년 예상되는 저성장에 대비하고 있기도 합니다. 역사적인 저평가 구간, 겨울을 지난 한국 증시가 이제 봄으로 진입하고 있다는 진단을 조심스럽게 내놓을 만한 상황이란 것입니다.

해당 파트에서는 우리 증시가 맞닥뜨린 환율 문제도 상당 부분을 할애해 설명했습니다. 정치적 불확실성이 극에 달했던 2024년 연말처럼 원화 가치가 계속 하락할 것으로 판단되면, 2025년 외국인들이 굳이 원화를 사서 한국 증시에 투자하기를 꺼릴 것입니다. 하지만 더 이상 원화 가치가 빠르게 하락하지 않는다면, 1달러당 1,400원이 넘는 지금 수준의 환율을 유지하는 상태 그 자체는 오히려 상반기 우리 증시 수출 기업들에 가격경쟁력을 더하는 긍정적 효과로 작용할 수도 있을 것으로 진단하고 있습니다.

이번 파트에서 제시하고 있는 시각 가운데, 세계 경제의 거센 '블록화 경향'에 대한 참신한 해석이 눈길을 끕니다. 앞서 말씀드린 것처럼 제조업 기반, 특히 중간재 제조업 기반의 수출 경제인 우리에게는 지금처럼 자유무역이 후퇴하고 미국 편, 중국 편 같은 블록화가 진행되고 있는 상황이 달가울 수 없다는 게 보편적인 우려입니다. (미국은 지금 '미국 편'보다도 '그저 미국만'을 부르짖고 있는 것처럼 보이기도 하지만요.) 하지만 경제 블록화라는 건 '우리 편끼리 뭐든지 자급자족해야 한다'는 위기감을 수반하기 때문에 결국 투자가 늘어날 수밖에 없다는 것이 이 파트에서 짚어내는 지점입니다. 글로벌 경제가 몇 개의 블록들로 쪼개지며 우리가 이전에 누렸던 기회들이 분명 줄어들고 있지만, '우리나라가 속한 편' 안에서는 전에 없던 새로운 기회들도 생길 수 있다는 점을 지적하고 있는 것입니다. 특히 우리나라가 세계 경제 안에서 점점 더 중국과 경쟁 구도에 놓이고 있는 시점에 이 블록화가 우리에게 시간을 벌어주고 있다는 시각이 힘을 얻어가고 있습니다. 그야말로 위기란 녀석은 어떻게 타넘느냐에 따라 절호의 기회로 삼을 수도 있다는 오래된 관용구를 그 어느 때보다도 '우리 편'으로 만들어야 할 시기라고 할 수 있겠습니다.

증시에서 주목해야 할 산업군에 대한 분석도 빼놓지 않았습니다. 기본적으로는 2025년도 계속해서 'AI의 해'가 될 것이라는 데 이 파트도 동의합니다. 하지만 'AI 학습과 추론 반도체'를 독과점한 엔비디아가 압도적으로 앞서 내달렸던 2024년과는 달리, AI로 '진짜 돈 버는 법'을 조금씩 찾아내고 있는 것으로 보이는 'AI 소프트웨어' 기업들이 주목될 가능성이 크다는 게 이 파트의 진단입니다(이미 팔란티어 테크놀로지스나 메타 같은 기업들이 그 예로 꼽히고 있습니다). 앞서도 말씀드린 것처럼, 2025년 초의 '딥시크 타격'도 결국 전 세계적으로 AI의 판을 더욱 키우고 판돈을 올리는 역할을 할 것이라는 진단이 나옵니다. 미국을 제외한 세계가 'AI는 어차피 미국이 다 독점해서 하는 거 아냐?' 같은 자포자기의 관점에서 벗어날 계기를 제공해주었다는 것이죠. 또 하나 이 파트에서 강조하고 있는 산업군은 역시, 방위 산업입니다. 트럼프 2기가 어떻게 굴러가든, 지금의 미국 정부가 일으키는 소용돌이는 앞으로도 한동안 우리가 방위 산업에 계속 관심을 갖지 않을 수 없게 할 것이라는 전망을 내놓고 있습니다.

PART
4

트럼프 2기,
주목해야 할 글로벌 산업
투자 가이드

CMS증권 이사

박상준

2025년 1월 트럼프 대통령은 화려한 취임식과 함께 2기 정부 출범을 선포했습니다. 2024년 트럼프 대통령 당선 이후 수혜를 받을 것이라 예상되는 수많은 기업들이 이미 주가 상승 랠리를 이어갔고, 대선 이후 급등한 나머지 매년 있었던 산타 랠리(크리스마스를 전후한 연말과 신년 초에 주가가 강세를 보이는 현상)가 실종되었을 정도입니다. 이는 트럼프 대통령 당선 호재가 증시에 이미 반영되었다는 의미일 것입니다. 이에 이번 파트에서는 트럼프 2기에 수혜를 받는 산업과 기업 중 그 수혜를 벗어나 장기적으로 성장할 수 있는 산업과 기업을 선별해 정리해봤습니다.

여기에서 언급하는 기업들은 트럼프 2기 정책의 수혜를 걷어내도 본질적으로 실적이 좋은 기업들입니다. 이를 바탕으로 총 7개의 주제로 나눠 AI 및 자율주행 규제 완화, 방위 및 우주 산업, 농업, 에너지, 대규모 인프라 투자, 제약 및 의료, 감세 및 금융 규제 완화 측면에서 다뤄보고자 합니다. 물론 엔비디아 등은 앞으로도 주목받을 좋은 기업이지만 이미 많은 매체에서 다루고 있는 기업인 관계로 이 책에서는 다른 방향에서 좀 더 부각될 산업과 종목, ETF를 중심으로 소개해보고자 합니다.

날개 단 테슬라!
이카루스가 될까 아니면 우주로 갈까?

　2024년 미국 대선에서 도널드 트럼프가 당선되는 데 가장 큰 역할을 한 인물은 누가 뭐라 해도 테슬라(Tesla)의 CEO 일론 머스크입니다. 처음에는 모두들 무모한 배팅이라고 생각했지만, 트럼프 당선 후에는 그의 결정이 신의 한 수였음에 감탄했으니까요. 트럼프 당선 후 약 한 달 만에 테슬라 주가는 70% 넘게 상승하면서 600배의 수익을 냈다는 뉴스가 공공연히 보도되었습니다. 그렇다면 일론 머스크는 왜 이렇게까지 무모하다 할만한 베팅을 했을까요? 지금부터 당시 테슬라가 처했던 상황과 향후 트럼프 2기에 받게 될 수혜까지 구체적으로 살펴보겠습니다.

　바이든 대통령 집권 시기인 2022년 이후 항상 높은 수준을 유지하던 테슬라의 실적 마진이 하락세로 접어들었습니다. 그동안 꿈을 상징했던 주가가 현실을 인지하면서 급락하게 된 것이죠. 그에 더해 비야디를 필두로 한 중국 전기차 기업들이 중국 내에서 시장점유율을 급속히 확대하자 많은 투자자는 테슬라의 사업 모델에 의구심을 품기 시작했습니다. 2018~19년 모델 3와 모델 Y의 출시 후 긴 시간 동안 신차가 출시되지 않았던 테슬라에 비해 중국 기업들은 지속적으로 신차를 내놓으며 우려는 더욱 커졌습니다.

테슬라가 이와 같은 어려움에 직면해 있던 시기 전기차 산업도 일명 캐즘의 늪에 빠지게 됩니다. 캐즘이란 첨단 기술 제품이 소수의 혁신적 성향의 소비자들이 지배하는 초기 시장에서 일반인들이 널리 사용하는 단계로 가기 전에 일시적으로 수요가 정체하거나 후퇴하는 현상을 일컫는 말입니다.

성장에 있어서 어떤 산업이 완전히 자리 잡을 때는 대부분 S자 곡선을 이룹니다. 얼리어답터 사이에서 빠른 속도로 퍼져 나간 후 일반 사용자로 넘어가기 전 깊은 하락을 경험한 다음 다시 상승한다는 것입니다. 현재 전기차 산업은 정확히 S자 곡선의 깊은 하락에 있는 상황이지만, 향후 수많은 기존 내연기관 자동차 기업들이 역사 속으로 사라지고 테슬라를 필두로 한 신흥주자들이 떠오를 것으로 예상됩니다.

일례로 2025년 중국의 전기차 시장침투율은 55% 이상에 다다를 것으로 예상하고 있습니다. 중국에서는 이미 캐즘을 넘어선 것으로 보이는데요. 테슬라가 중국에서 산업 트렌드를 유도하고 비야디를 필두로 한 중국 신흥 전기차 기업들이 산업을 정착시켰다고 볼 수 있습니다. 현재는 중국 정부의 보조금 정책과 각 기업의 발전된 기술력으로 BYD, Xpeng, Li Auto, Nio 등 수많은 전기차 기업들이 중국에서 시장점유율을 확보하고 있습니다.

하지만 중국을 제외한 다른 나라는 아직 갈 길이 멉니다. 현재 전 세계적으로 10% 중후반대인 전기차 시장침투율을 끌어올리기 위해서는 새로운 동력이 필요합니다. 지금까지 사용자들이 전기차를 타게 만든 동력은 얼리어답터의 관심과 정부의 막대한 보조금이었습니다. 지금 시점에서 전 세계적으로 전기차 산업이 캐즘, 즉 S자 곡선의 하락 단계를 넘어서게 해줄 동력은 자율주행입니다.

2025년 50% 가까이 폭락한 테슬라 주가, 이대로 이카루스가 되는 것일까?

2024년 11월 트럼프 대통령의 당선 이후 급등했던 테슬라 주가는 2025년 들어 급락으로 이어지며 그야말로 이카루스가 되는 것은 아닌지 우려되는 모습입니다. 먼저 그 이유가 무엇인지 확인할 필요가 있습니다. 여러 가지 이유가 있겠지만 그중 2가지 중요한 요소만 뽑아본다면 첫 번째는 차량 판매 감소이고, 두 번째는 일론 머스크의 정치적 행보입니다. 앞에서도 언급했지만, 테슬라는 꿈과 현실이 적절히 조화를 이루면서 주가가 움직이는 기업입니다. 그런데 지금은 현실적으로 차량 판매가 감소하며 눈에 띄는 매출 상승의 수치가 나오지 않고 있고, CEO인 일론 머스크가 정치적으로 무리한 행보를 보임으로써 브랜드 가치가 훼손됐을 뿐만 아니라 미래에 대한 기대감마저 불투명해지고 있는 상황입니다. 즉 꿈과 현실이 모두 주가의 하락을 가리키고 있는 셈이죠. 그렇다면 테슬라는 이대로 신화 속의 이카루스처럼 역사의 뒤안길로 사라지는 것일까요? 필자는 절대 아니라고 생각합니다.

먼저 차량 판매가 감소하는 문제부터 살펴보겠습니다. 차량 판매 감소의 가장 큰 원인은 모델 Y의 신규 차량 출시 때문입니다. 모델 Y는 전 세계적으로 가장 많이 팔린 모델인데, 신규 차량이 나오게 되면서 기존 차량의 판매가 감소했습니다. 이는 2024년 출시된 모델 3의 신규 차량이 큰 영향을 줬습니다. 2024년 출시된 모델 3의 신규 차량은 사용자에게 충격을 줄 정도로 개선된 부분이 많았습니다. 이에 모델 Y도 신규 차량이 곧 나올 것이라는 기대감이 형성됐고, 실제로 출시가 발표되자마자 기존 모델 Y를 구입하려 했던 구매자들이 모두 신규 차량 출시를 기다리며 구매를 미뤘기 때문입니다. 실제로 2025년 3월 판매와 인도가 시작된 중국에서는 이후 판매량이 증가하기 시작했습니다. 한국에서도 출시 시점인 3월 말부터 일부 매장은 차량을 보기 위해 40~50분씩 대기하는 사태가 벌어지기도 했습니다. 이에 2분기부터는 차량 판매에 대한 우려는 다소 해결될 것으로 예상됩니다.

두 번째는 일론 머스크의 정치적 행보인데, 이 부분도 올 상반기부터는 해소될 것으로 예상합니다. 현재 트럼프 대통령에게 가장 중요한 것은 미국의 부채 정상화인 것으로 보입니다. 당선 후 모든 것을 차치하고 관세 부과 시행 및 일론 머스크가 이끄는 정부효율부에 대한 적극적인 지지를 표한 것을 보면, 정치적 입지가 최고조에 이르게 되는 2025년 내에 어느 정도 결과를 보고 싶어 하는 분위기입니다. 최근 일론 머스크는 정부효율화를 위해 급격한 구조조정을 이어가며 많은 공분을 사고 있고, 정치적으로 유럽에 대해 강경 발언을 하며 불매운동, 테슬라 매장 및 차량 테러 상황 등이 이어졌습니다. 하지만 이와 같은 상황도 관세 문제가 잦아들고 정부의 구조조정이 마무리될 것으로 예상되는 2025년 상반기가 지나면 최악의 분위기는 어느 정도 안정될 것으로 예상합니다. 게다가 급한 불을 *끄고* 나면 FSD(Full Self-Driving, 완전자율주행),[1] 로봇, 우주 등 부문에서 트럼프 대통령이 기존에 시행할 것으로 예상됐던 규제 완화도 재개할 가능성이 높습니다. 이런 관점에서 본다면 최근의 테슬라 주가 하락은 상당히 매력적인 진입 구간이 될 수 있습니다.

│ 테슬라에게 규제 철폐가 중요한 이유

2021년 11월, 테슬라는 사상 최고 주가를 기록한 후 70% 넘게 하락하면서 파산 이야기까지 나왔습니다. 당시 주가 하락의 주요한 요인은 지속적인 마진 하락과 테슬라의 미래 먹거리라 평가된 FSD 사업이 규제로 인해 큰 진전을 보이지 못하고 있다는 점이었습니다.

테슬라 주식의 밸류에이션에는 항상 현실과 꿈이 반영되어 있습니다. 현실은 당장 확인할 수 있는 차량 판매나 마진 등 실적이 될 것이고, 꿈은 FSD, 로보택시, 옵티머스 등이라고 할 수 있습니다.

현실과 꿈이 적절한 조화를 이루면서 주가의 높은 밸류에이션이 허용될 수 있는데, 테슬라는 2021년 이후 현실 부분인 실적이 부진해진 상황에서 FSD 활성화도 규제라는 장벽에 가로막혀 주가가 지속적으로 하락한 것입니다.

---

1   자율주행 레벨 5단계에 해당되는 '운전자 없는 자동차 주행'을 목표로 하는 자율주행 소프트웨어. 현재는 일부 국가에서만 시행하고 있고 아직 5단계까지의 수준은 아니지만 경쟁사 대비 상당히 높은 수준의 자율주행 운행을 구사한다.

인고의 시간 끝에 2024년 3분기 실적 발표에서 이와 같은 우려가 다소 해소되기 시작했습니다. 차량판매 증가율이 16.4%를 기록하며 8분기 동안의 하락세를 깨고 반등하자 마진도 다시 증가하기 시작했습니다. 게다가 그동안 지연되고 있던 사이버트럭의 고객 인도가 본격적으로 이루어지면서 이들의 매출 총이익률이 흑자로 돌아섰습니다. 무엇보다 투자자들을 환호하게 했던 것은 2025년 예상되는 저가형 차량의 출시였습니다. 이와 같은 실적 반등이 이루어지면서 테슬라의 주가는 다시 상승세를 보이기 시작했습니다.

하지만 잠시 상승하던 주가는 다시 하락을 반복하게 됩니다. 투자자들이 정작 듣고 싶어했던 사이버캡(CyberCab, 로보택시)의 구체적인 운영 시행 시기와 신차 발표 시기가 누락되었기 때문입니다. 당시 구체적인 계획 발표를 위해서는 이 모든 기술의 핵심인 FSD의 전면적인 시행이 시급했습니다.

테슬라의 미래 먹거리, 로보택시

우리나라에서는 로보택시를 타볼 기회가 없지만 중국과 미국에서는 이미 경험한 사람들이 꽤 있습니다. 비록 제한된 구역에서지만 중국은 우한에서, 미국은 캘리포니아에서 바이두와 구글이 각각 로보택시를 운행하고 있습니다. 현재 로보택시 산업은 시작 단계이며 전면 확대까지는 수요와 공급의 균형이 충분히 이루어져야 가능합니다.

수요 측면에서 봤을 때 제한된 구역에서 수백, 수천 번 운행한 로보택시를 타는 것은 상대적으로 안심되지만, 다른 구역으로 이동한다면 사용자 입장에서는 안전에 의구심을 가질 수밖에 없습니다. 바이두와 구글이 이 벽을 깨기 위해서는 오랜 학습을 통한 영역 확장과 그만큼의 많은 시간이 투자되어야 합니다. 즉 향후 안정성만 확보된다면 수요는 염려할 문제가 아니라는 것입니다.

한편 공급 측면에서는 운영비용과 마진이 가장 큰 문제입니다. 현재 바이두와 구글은 라이다(LiDAR, Light Detection and Ranging)[2] 기술을 주로 사용하는데 비용이 너무 높아 로보택시 한 대당 1억 원이 넘는 가격을 형성하고 있습니다. 수요가 아무리 많다고 해도 높은 가격과 학습 시간을 감당하면서 운영하기란 어려운 상황인 것이죠.

표 1 테슬라의 주요 지표(2025년 3월 21일 기준)

테슬라(TSLA.US)			
52주 신고가/신저가	488.54/138.80달러	상장 시장	나스닥
PER(주가수익비율)[3]	129.83	ROE(자기자본비율)[4]	10.42%
PBR(주가순자산비율)	11.63	EBITDA(상각 전 영업이익)[5]	130억 달러
EPS(주당순이익)[6]	2.03달러	배당률	–

출처: 블룸버그

그림 1 테슬라의 로보밴과 사이버캡

출처: www.caranddriver.com/news/a62567491/tesla-robotaxi-reveal

테슬라는 규제만 풀린다면 이 2가지 문제가 모두 해결될 것이라 기대합니다. 테슬라의 경우 하드웨어(전기차)는 이미 보급이 상당히 진행되어 있고, 소프트웨어(FSD)만 추가되면 로보택시 사업이 가능한 반면, 바이두와 구글은 본격적인 로보택시 산업 확장을 위해 하드웨어(로보택시)와 소프트웨어(자율주행)를 동시에 판매해야 하는 부담이 있습니다. 테슬라는 이미 모델 3, 모델 Y라는 보급형 모델을 판매하고 있으며, 이들은 기본적으로 FSD 구동이 가능합니다. 하드웨어의 안정성은 검증을 마쳤고, 소프트웨어에 대한 안정성도 상당 부분 검증된 테슬라. 이제 남은 것은 정부의 규제 해결입니다.

자율주행 보급의 숨겨진 수혜 기업
넷플릭스

현대인들은 이동에 정말 많은 시간을 보냅니다. 그래서 출퇴근 시간 등을 활용해 정보를 얻거나 배우거나 뭔가 생산적인 활동을 하고 싶어 하죠. 특히 직접 운전을 하거나 다른 교통수단을 이용해 이동하는 데 많은 시간을 할애하다 보니, 이때 영상을 보거나 듣거나 하는데 아무래도 안전과 관련 있는 운전에 있어서는 규제가 따르기 마련입니다.

이런 상황에서 향후 자율주행이 상용화된다면 어떨까요? 운전자는 택시를 탄 것처럼 그 시간을 활용할 수 있겠죠. 책을 읽을 수도, 영상을 볼 수도 있을 겁니다. 여기서 가장 큰 수혜를 받을 것으로 예상되는 기업 역시 넷플릭스(Netflix)입니다. 유튜브나 타 경쟁 플랫폼도 나름의 수혜를 보겠지만 다음의 이유로 인해 여기서는 넷플릭스를 선정했습니다.

첫 번째로 유튜브는 알파벳(구글)의 한 사업 부문이기 때문에 해당 수혜를 고스란히 반영한다고 보기 어렵습니다. 두 번째로 OTT 산업 내에서 이미 시장을 선점한 기업은 넷플릭스이며, 이 구조가 상당히 오래 유지될 것으로 예상되기 때문입니다. 세 번째 이유는 규제가 당장 완화된다 해도 자율주행 보급이 완료될 때까지는 사실상 오랜 시간이 소요되는데, 그 기간 중에도 넷플릭스는 많은 호재와 발전 가능성이 있기 때문이기도 합니다.

2024년 3분기 기준으로 넷플릭스의 유료 구독자 수는 무려 2억 8천만 명에 달합니다. 이는 2023년 3분기 대비 14% 증가한 수치로, 대부분의 사용자에게 OTT 중 하나만 선택하라고 하면 그 다양성 측면에서 따라갈 수 없는 넷플릭스를 선택한다는 여론조사 결과는 이를 반증하는 부분이기도 합니다. 그렇다면 이렇게까지 시장을 선점하고 있는 넷플릭스가 더 큰 성장을 이룰 수 있을까요?

넷플릭스가 지금보다 더 큰 폭으로 성장을 꾀할 수 있는 요인으로는 스포츠 라이브 방송을 통한 새 시장 개척과 주식 분할 가능성, 구독료 인하 가능성에 있다고 할 수 있겠습니다. 그중 가장 기대가 큰 부분이 바로 스포츠 라이브 방송의 성공 가능성입니다. 2024년 11월 전설의 복서 타이슨과 요즘 시대에 딱 맞아떨어지는 유튜버 출신 복서 제이크 폴의 매치를 성사시키며 큰 반향을 일으켰는데요. 당시 전 세계적으로 6천만 가구가 동시 시청을 했고 평균 분당 1억 8천만 명의 시청자가 생방송으로 관전했습니다. 이를 통해 시청자들의 머릿속에 '넷플릭스도 스포츠 라이브를 한다'라는 인식을 심어주었죠. 또한 넷플릭스는 광고형 구독 모델을 제공하고 있는데 향후 라이브 광고를 통해서도 꽤 큰 수익을 낼 수 있을 것으로 예상됩니다.

다음은 주식 분할 가능성입니다. 일반적으로 1,000달러 정도의 주가는 상당히 높은 진입장벽을 제공합니다. 최근 소수점 매매가 가능해지면서 개인투자자들의 진입장벽이 많이 낮아졌지만, 높은 주가는 투자에 있어 여전히 진입장벽으로 작용합니다. 이러한 이유로 기업들은 주식 분할을 추가 자금 유입이 예상되는 호재로 활용합니다. 넷플릭스의 펀더멘털에 큰 문제가 없다는 전제하에 주식 분할 소식이 나오면 분할까지도 상당 부분 주가 상승이 가능할 것으로 판단됩니다.

마지막으로 구독료 인하 가능성인데, 과거 5~6차례 구독료 인상을 단행한 넷플릭스는 시장의 주도권을 선점하며 2023년 10월 이후 구독료를 동결했습니다. 그 사이 디즈니를 포함한 경쟁사들은 구독료를 인상했기 때문에 넷플릭스도 구독료를 다시 인상할 가능성이 있습니다. 이럴 경우 매출 및 순이익 증가로 주가에는 호재로 작용할 가능성이 높습니다.

앞에서 언급한 3가지 중요 사항은 2025년 예상되는 넷플릭스의 주가 강세 요인이며, 향후 자율주행이 완전히 보급되면 OTT 산업에서 더 큰 수혜를 입으며 성장하게 될 것으로 보입니다.

표 2 **넷플릭스의 주요 지표**(2025년 3월 21일 기준)

넷플릭스(NFLX.US)			
52주 신고가/신저가	1,064.50/542.01달러	상장 시장	나스닥
PER(주가수익비율)	47.16	ROE(자기자본비율)	38.447%
PBR(주가순자산비율)	16.14	EBITDA(상각 전 영업이익)	107.5억 달러
EPS(주당순이익)	19.8달러	배당률	-

출처: 블룸버그

세계 질서 재편 후 우주로

전 세계는 지금 갈등의 시대,
이럴 때 투자는 방위 산업으로

트럼프 2기 수혜주로 꼽히는 분야 중 하나로 방위 산업을 빼놓을 수는 없을 것입니다. 트럼프 1기 때는 방위비 예산의 대폭 인상과 군대 개혁에 박차를 가했습니다. 이에 장병들의 연봉을 세 차례나 인상했으며 미합중국 우주군을 창설하기도 했죠. 이런 학습 효과로 트럼프 당선 이후 방위 산업 관련 주식들이 들썩였습니다. 실제로 트럼프 대통령은 당선되자마자 한국의 조선업에 대해 도움이 많이 필요하다고 언급하기도 했는데요. 그 이유는 미국의 군함 수가 너무 많이 감소했다는 데 있습니다. 트럼프 1기 정부는 2032년까지 군함을 355척까지 늘릴 계획을 수립했지만 이를 이행하지 못했습니다. 이에 2기에는 이 정책을 그대로 시행할 것으로 예상됩니다.

방위 산업 관련 주식은 단기적인 호재에 그치지 않고, 오랜 시간 투자 포트폴리오에 가져가야 할 주식입니다. 이는 과거 역사적 사건들 속에서 그 관련성을 찾을 수 있는데요. 미국의 강력했던 동맹관계는 트럼프 1기 때부터 약화되기 시작했습니다.

동맹관계 약화에 영향을 미친 요인들은 관세 부과, NATO 가입국에 대한 방위비 분담금 증액 압력 행사, 파리기후협약 탈퇴, 이란 핵 협상 테이블 하차 등이 있습니다. 역사적으로 유럽과 중동은 지정학적 리스크에 있어 항상 중요했던 두 지역입니다. 두 번의 세계대전은 모두 유럽에서 발발했고, 중동은 종교 관련 분쟁으로 화약고로 불려왔죠. 이 두 불안 요소를 그나마 잠재울 수 있었던 것이 NATO와 이란 핵 협상이었는데, 이 둘 모두 뒤집힌 상황이 된 것입니다. 이를 지켜보던 유럽 및 중동 국가들이 동상이몽으로 방위비 지출을 늘리며 방위 산업 주가는 상승하기 시작했습니다.

한편 바이든 정권은 집권과 동시에 동맹을 재강화하기 시작했습니다. 단, 트럼프 1기 때 시작된 중국과의 편 가르기는 더욱 심해졌습니다. 군사 동맹으로는 NATO가 이례적으로 부상했는데 이는 중국과 러시아가 상임이사국으로 있는 UN에서는 더 이상 미국이 주도적인 위치를 차지할 수 없었기 때문입니다. 이에 미국이 주도적인 위치를 차지할 수 있는 NATO가 대안으로 떠오르며 NATO군의 본격적인 무장이 거론되기 시작합니다. 물론 트럼프 대통령이 강조하던 각국의 방위비 부담금 증액 대신 미국이 돈을 지속적으로 쏟아 부었습니다. 이래저래 방위 산업은 계속 호황을 누릴 수 있었던 것입니다.

여기서 한 가지 주목할 것은 NATO에 대항해 BRICS가 떠올랐다는 것입니다. BRICS는 경제성장률이 가파르게 치솟았던 브라질, 러시아, 인도, 중국, 남아프리카공화국을 지칭하는데, 2023년 사우디아라비아를 필두로 5개국이 추가 가입하면서 경제적으로 서방국가에 대항하는 구조가 형성된 것입니다. 반대 세력들도 방위 관련 지출을 늘릴 수 있으리라 가늠할 수 있는 대목이죠.

그러던 중에 방위 산업이 더욱 수혜를 받을 수 있는 두 전쟁이 발발했습니다. 러시아-우크라이나 전쟁과 이스라엘-하마스 전쟁입니다. 러시아-우크라이나 전쟁이 트럼프가 원하는 방향인 현 시점의 러시아 점령지를 우크라이나가 포기하고 종전된다면 유럽의 안정이 찾아올까요? 유럽에서 러시아가 이 정도로 만족한다고 생각하는 국가는 아무도 없습니다. 모든 유럽 국가들이 러시아의 확장은 이제 시작이라고 생각하기 때문에 화약고에 불씨가 남아있는 미봉책에 불과하다고 생각합니다. 이에 유럽의 국가들은 지속적으로 국방비 증액 및 군사 보강에 나설 것입니다.

또 이스라엘-하마스 전쟁은 어떨까요? 이스라엘이 트럼프 당선 이후 휴전에 합의하면서 어느 정도 마무리가 된 것처럼 보이지만, 이스라엘이 바이든 대통령의 반대에도 전쟁을 밀어붙일 수 있었던 이유는 자신들이 처한 국제·정치학적 유리한 입지와 이란의 약화에 있습니다. 실제로 휴전 이후에도 시리아 반군이 내전에서 승리하자 안보를 이유로 시리아를 공격하기도 했습니다. 갈등은 결코 마무리되지 않고 지속될 것입니다.

표 3 방위 산업 대표 글로벌 ETF 및 상위 보유 종목(2025년 3월 21일 기준)

iShares U.S. Aerospace & Defense ETF(ITA.US)			
운용사	BlackRock, Inc.	PER(주가수익비율)	55.69
AUM(운용자산규모)[7]	64.5억 달러	테마	Aerospace & Defense
평균거래대금	61,247,000달러	투자지역	미국
수수료	0.40%	배당률	0.84%

상위 보유 종목	
종목명(코드)	비중(%)
GE Aerospace(GE)	19.75
RTX Corporation(RTX)	16.15
Boeing Company(BA)	9.57
Northrop Grumman Corp.(NOC)	4.71
TransDigm Group Incorporated(TDG)	4.54
General Dynamics Corporation(GD)	4.52
Howmet Aerospace Inc.(HWM)	4.43
L3Harris Technologies Inc(LHX)	4.35
Axon Enterprise Inc(AXON)	4.19
Lockheed Martin Corporation(LMT)	4.18
Heico Corporation Class A(HEI.A)	2.73

출처: 블룸버그

---

7   AUM(Assets Under Management)은 증권사 또는 자산운용사가 운용하고 있는 총자산의 규모를 말한다.
일반적으로 자산운용사의 시장 지위와 수익성을 나타내는 지표로 많이 사용한다.

이와 같이 유럽과 중동에서 미국이 뿌린 불씨는 언제 다시 불붙어도 이상하지 않고, 미국과 동맹관계가 약화될수록 각국은 국방 자립에 대해 다시 생각할 수밖에 없기 때문에 방위 산업은 지속적으로 좋은 흐름을 보일 수밖에 없습니다. 다만 러시아-우크라이나 전쟁 종식 기대감과 이스라엘-하마스 휴전으로 그동안 작용했던 큰 움직임의 한 축이 단기적으로 약해졌다는 것과 일론 머스크가 정부효율부를 이끌게 되면서 방위 산업에 대한 지원이 줄어들 수도 있기 때문에 단기적으로 쉬어갈 가능성은 있습니다. 만약 이런 이유로 단기적 조정을 받게 된다면 장기 투자를 위한 좋은 매수 기회가 될 것입니다.

방위 산업에 대한 투자는 대표적인 기업인 록히드마틴, 노스롭그루만 등 여러 기업에 직접 투자하는 방법이 있습니다. 하지만 개인투자자의 경우 ETF(Exchange Traded Fund, 상장지수펀드)로 투자하는 것을 추천합니다. 방위 산업은 산업 자체가 향후에도 지속적으로 수혜를 받을 가능성이 있기 때문에 개별 종목으로 접근할 경우 상승 폭은 클 수 있어도 개별 종목의 리스크에 노출될 수 있기 때문입니다.

TIP 연금계좌에 넣어 두기 좋은 방위 산업 ETF

IRP, 개인형 연금저축의 경우 한국 주식과 ETF만 투자할 수 있다는 단점이 있습니다. 보통 연금계좌는 절세도 가능하고 은퇴 후 사용할 자금이기 때문에 장기 투자를 하는데요. 방위 산업도 특성상 장기 투자하는 것이 용이하기 때문에 연금계좌에 딱 맞는 ETF이죠. 내 연금계좌에 넣기 딱 좋은 방위 산업 ETF를 소개합니다!

액티브 투자로 유명한 한국 자산운용사에서 출시한 글로벌 우주테크&방위 산업 액티브 ETF입니다.

이미 출시된 많은 방위 산업 ETF는 미국 아니면 한국 단일 국가의 방위 산업에 집중되어 있는 반면 해당 ETF는 미국과 한국 기업뿐 아니라 우주 관련된 기업들도 담고 있습니다. 게다가 액티브 운용으로 미국, 한국 방위 산업과 우주 관련 기업들의 비중을 시기에 맞게 조절하며 훌륭한 수익률을 달성하고 있습니다. 내 연금계좌를 지켜줄 방위 산업 ETF 잘 살펴보고 투자하세요.

표 4 글로벌 우주테크 & 방위 산업 액티브 ETF 및 상위 보유 종목(2025년 3월 21일 기준)

TIMEFOLIO 글로벌우주테크&방산(478150.KR)			
운용사	Timefolio	PER(주가수익비율)	36.63
AUM(운용자산규모)	1,079억 원	테마	Aerospace & Defense
평균거래대금	30.2억 원	투자지역	미국
수수료	0.80%	배당률	1.27%

상위 보유 종목	
종목명(코드)	비중(%)
Rheinmetall AG	11.90
RTX Corp	8.51
Thales SA	8.36
Airbus SE	5.47
Rolls-Royce Holdings PLC	4.99
TransDigm Group Inc	4.88
Honeywell International Inc	4.64
Safran SA	4.52
Northrop Grumman Corp	4.34
Hensoldt AG	3.93
General Dynamics Corp	3.51

출처: 블룸버그

│ 우리는 다시 달로 간다, 로켓랩

대부분의 사람들은 언론을 통해 아르테미스 계획에 대해 한번쯤 들어보았을 겁니다. 2017년 시작된 우주 탐사 계획으로 달에 지속가능한 유인 기지를 짓겠다는 계획입니다. 인류는 다시 달에 가려고 합니다. 한동안 잊혀 있던 우주 산업의 화려한 부활이라고 할 수 있습니다.

첫 번째 우주시대의 개화는 이념 전쟁과 경쟁에 있었습니다. 제2차 세계대전 후 전 세계는 본격적인 이념 전쟁에 들어서며 미국과 소련 위주의 냉전시대에 접어들었습니다. 당시 민주주의와 사회주의 국가들은 서로의 이념이 옳다는 것을 증명하기 위해 많은 경쟁을 했는데, 그중 하나가 우주였습니다. 두 국가가 경쟁하다 보니 관련 산업은 성장할 수 있었고, 결국 1969년 유인 우주선 아폴로 11호가 달 착륙에 성공하면서 미국이 승리했습니다. 그 이후에도 경쟁은 이어졌지만 1991년 소련이 붕괴되면서 우주 경쟁은 시들해졌습니다.

두 번째 우주시대는 첫 번째와는 상당히 다른 모습입니다. 2017년 스페이스X의 첫 재활용 로켓의 발사 성공이 그 시작이라고 할 수 있는데요. 흔히 우주선은 천문학적인 금액을 투자해야 만들 수 있는 것이고 각국 정부만이 할 수 있다고 생각했는데 민간업체가 그것을 해낸 것입니다. 로켓을 재활용하면서 확실한 비용 절감에 성공했는데, 이는 엄청난 발상의 전환이라고 할 수 있죠. 가능성을 발견한 투자자들이 스페이스X를 필두로 한 우주 산업 관련 기업에 투자하기 시작하며 두 번째 우주시대가 활짝 열렸습니다. 이 두 번째 우주시대의 가장 큰 특징은 민간이 주도했다는 점이었습니다.

지금은 세 번째 우주시대 개화의 초입입니다. 전 세계적인 팬데믹 이후로 주춤했던 우주 산업에 대한 투자가 재점화되기 시작했습니다. 스페이스X가 개발한 스타십의 시험 비행이 지속적으로 성공하면서 본격적인 우주선의 시대가 도래한 데다 미국의 새로운 대통령 트럼프도 우주 산업을 지지하고 있기 때문입니다. 이런 추세라면 조만간 유인 우주선을 통한 우주 진출이 가능해지고 그렇게 되면 우주시대는 새로운 국면을 맞게 될 것입니다.

하지만 안타깝게도 우리는 스페이스X에 투자할 수 없습니다. 스페이스X가 비상장기업이기 때문인데요. 그래서 스페이스X 다음으로 로켓을 가장 많이 발사하는 기업인 로켓랩(Rocket Lab)을 주목해보고자 합니다.

그림 2 우주시대 개막으로 주목받는 로켓 발사 기업, 로켓랩

출처: www.nasa.gov/news-release/nasa-rocket-lab-launch-first-pair-of-storm-observing-cubesats

로켓랩은 시작부터 다른 기업과 달랐습니다. 창업자인 피터 벡(Peter Beck)은 독학으로 로켓 연구를 이어가다 2006년 로켓랩을 창업했습니다. 그 후 짧은 시간 안에 실제 발사에 성공하며 투자를 받기 시작한 것입니다.

현재 로켓 발사 관련 산업은 과거 수출 주도의 경제 호황을 누리던 한국의 선사(船社)와 비슷한 모습입니다. 로켓 발사는 주로 미국, 러시아, 중국이 많이 합니다. 그런데 러시아-우크라이나 전쟁이 발발하면서 러시아에 발사를 의뢰한 많은 유럽 국가들이 이를 취소했습니다. 당연히 물량은 중국이 아니라 미국으로 유입되었고, 스페이스X 등 주요 로켓 발사 기업들이 수혜를 받게 된 것입니다.

2024년 3분기 기준으로 가장 많은 로켓을 발사한 곳은 스페이스X가 109건으로 압도적인 차이로 2위와의 격차를 유지하고 있습니다. 2위는 중국으로 14건이고, 3위가 12건인 로켓랩입니다. 러시아와 가까운 중국을 제외한다면 넘쳐나는 수요를 감당하기 힘든 스페이스X의 물량이 고스란히 로켓랩으로 흘러들 수밖에 없는 상황입니다.

로켓랩은 2가지 큰 강점을 보유하고 있습니다. 자체 보유 발사대와 자체 생산이 가능하다는 부분입니다. 로켓랩은 2대의 발사대를 자체적으로 보유하고 있어 72시간마다 로켓을 발사할 수 있고, 발사대가 뉴질랜드에 있어 미국 대비 발사 허가가 쉽습니다. 그렇기 때문에 고객 의뢰 후 최장 10주 안에 빠른 발사가 가능합니다. 또한 부품 제작부터 소프트웨어 개발 및 발사까지 모든 과정에 대한 기술을 보유하고 있습니다. 한마디로 위성을 쏘고 싶은 고객은 아이디어만 들고 가면 제작부터 발사, 사후관리까지 모두 가능하다는 이야기입니다.

로켓랩은 아직 적자인 고성장 기업이지만, 2024년 3분기 전년 동기 대비 55% 증가한 1.05억 달러의 매출을 달성했고, 4분기에는 분기별 최대 실적을 예상하고 있습니다. 고성장 적자 기업에게 가장 중요한 수주 잔고도 3분기에는 전년 동기 대비 80% 증가하며 지속적인 수요 증가를 입증하고 있습니다.

적자 기업이고 2024년 주가도 큰 폭으로 상승했지만, 트럼프 대통령이 우주군을 창설하는 등 우주 개척에 호의적인 태도를 보이며 우주 산업 및 로켓랩은 장기적으로 성장할 것으로 예상됩니다. 개별 종목의 주가 변동성이 부담스럽다면 앞에서도 언급했던 ETF를 활용하는 것도 좋은 방안일 수 있습니다. 실제로 로켓랩은 해당 ETF 내에서 시기에 따라 비중이 조절되며 수익에 큰 기여를 하고 있습니다.

표 5 로켓랩의 주요 지표(2025년 3월 21일 기준)

로켓랩(RKLB.US)			
52주 신고가/신저가	33.34/3.47달러	상장 시장	나스닥
PER(주가수익비율)	–	ROE(자기자본비율)	– 40.59%
PBR(주가순자산비율)	22.08	EBITDA(상각 전 영업이익)	– 1.59억 달러
EPS(주당순이익)	– 0.38	배당률	–

출처: 블룸버그

미국 농가를 살려라

트럼프 2기 정부의 미션 중 하나는 단연 미국 농가를 살리는 것입니다. 그 이유는 이 분야만이 유일하게 미국과 중국의 수요가 딱 맞아떨어지는 분야이기 때문입니다.

트럼프 대통령의 지지세력 중 러스트 벨트(Rust Belt)[8]에 대해서는 많이 노출되어 있지만 농업 벨트[9]에 대해서는 크게 부각되지 않았습니다. 하지만 미국의 농업 벨트, 즉 미국의 농가는 트럼프 대통령의 단단한 지지세력입니다. 실제로 트럼프 대통령은 2024년 대선 레이스가 본격적으로 시작된 후 옥수수 최대 생산지인 아이오와에서 치러진 첫 공화

---

8   미국의 중서부 지역과 북동부 지역의 일부 영역을 표현하는 말로 자동차 산업의 중심지인 디트로이트를 비롯해 미국 철강 산업의 메카인 피츠버그, 그 외 필라델피아, 볼티모어, 멤피스 등을 포함하는데, 대체로 미시간, 인디애나, 오하이오, 펜실베이니아주가 이곳에 속한다.

9   농업이 주요 경제 활동인 미국 중서부 지역을 의미하며, 주로 옥수수, 밀, 대두 등의 주요 작물이 생산되는 지역이다. 이 지역은 비옥한 토양과 적합한 기후 덕분에 세계적인 농업 생산지로 자리매김했다.

당 경선에서 압승을 거두며 입지를 다지기도 했습니다.

현재 미국 농가는 상당히 어려운 상황에 직면해 있습니다. 2010년 이후 미국 농가의 순수익은 높은 곡물 가격과 글로벌 수요 확대로 급상승기를 맞이했습니다. 하지만 2015년 국제 무역 분쟁 및 공급 과잉 문제가 대두되면서 소득이 급감하는 현상을 보였습니다. 이와 같이 농가의 어려운 상황이 이어지며 2016년 대선에서 트럼프가 당선되는데 큰 지지세력으로 자리매김하게 되었습니다.

2018년 미-중 무역 합의가 이루어지며 다시 상승하기 시작한 농가의 순수익은 2020년 코로나19 팬데믹으로 인한 정부 보조금 지급과 높아진 곡물 가격 상승으로 급반등하며 2023년까지 이어졌습니다. 하지만 2024년 이후에는 순수익이 전년 동기 대비 25.5% 감소할 것으로 예상됩니다. 이는 인건비 상승 및 인플레이션으로 높아진 생산비용, 곡물 가격 하락 및 정부 보조금 지급 감소에 따른 결과입니다. 게다가 농가의 부채도 기존 34%에서 40% 이상으로 크게 증가할 것으로 전망됩니다. 이런 상황에서 트럼프 1기 때 달콤함을 맛본 농가는 결국 2024년 대선에서도 강력한 지지세력이 되어 주었습니다. 이러한 지지세력을 유지하기 위해 트럼프 2기 정부 또한 농가 부흥을 위해 노력할 것으로 보입니다.

농업부문에 있어 중국측 상황을 살펴보면, 중국은 한때 세계 최대 인구를 보유한 국가였습니다. 비록 지금은 저출산 문제로 인도에 세계 최대 인구 타이틀을 넘겨줬지만 여전히 14억 1,932만 명에 달하는 엄청난 인구가 살고 있습니다. 이에 매년 엄청난 양의 농산물을 수입하는

데, 전 세계 곡물 수입량의 30% 이상을 차지할 정도입니다. 이 이야기는 반대로 생각해보면 중국이 결코 농산물에 있어 자립할 수 없다는 의미이기도 합니다.

2018년 트럼프 1기 시절 본격적인 미-중 무역 갈등이 시작됐을 때 중국은 자신만만했습니다. 미국의 공격에 중국은 농산물 수입 축소로 대응했습니다. 이에 2017년 187억 달러에 달하던 중국의 미국 농산물 수입액은 2019년 90억 달러까지 감소했습니다. 당시 중국이 전 세계적으로 가장 많이 수입하는 대두의 경우, 수입국을 기존 미국에서 브라질로 변경했습니다. 하지만 브라질은 공급망이 안정되어 있지 않은데다 가격 변동성이 크고 공급량도 수시로 변했습니다.

중국에서는 대두 가격 안정이 굉장히 중요합니다. 대두가 주로 돼지의 사료로 사용되기 때문이죠. 중국의 소비자물가 중 3%가 돼지고기에서 나올 정도로 돼지고기 가격이 중요한 중국에서는 대두 가격이 안정되지 않으면 돼지고기 가격의 불안정으로 이어져 물가가 안정되기 힘든 나비효과가 발생합니다. 이에 중국도 미국이라는 안정적인 수입국이 사라지자 골머리를 앓을 수밖에 없게 되었습니다. 중국도 미국이라는 안정적인 농산물 수입 국가가 필요한 것이죠.

이러한 상황에서 트럼프 2기에도 미국과 중국의 농산물 관련 협의가 있을 것으로 예상됩니다. 그 주된 요인은 1기에서 찾아볼 수 있는데요. 2020년 미국과 중국은 1차 무역 합의를 진행했는데, 그중 가장 크게 부각된 부분이 중국의 미국 농산물 수입 확대였습니다. 당시 중국은 향후 2년간 800억 달러 규모의 미국 농산물 수입을 약속했고, 2020년부터 실

표 6 중국의 농산물 수입 의존도

품목	수입 의존도(%)	주요 수입국
대두	80% 이상	브라질, 미국, 아르헨티나
옥수수	20~30%	미국, 우크라이나
밀	약 10%	호주, 캐나다, 러시아
쌀	5% 미만	베트남, 태국, 파키스탄
설탕	20~30%	브라질, 태국
유채씨	80% 이상	캐나다
면화	약 30%	미국, 인도, 브라질
육류	약 20~25%	브라질, 아르헨티나, 미국
유제품	약 20%	뉴질랜드, 유럽연합

출처: 중국국가통계국

제로 수입량을 늘리기 시작했습니다. 실제로 2019년 90억 달러까지 감소했던 미국 농산물 수입액은 2020년 250억 달러까지 증가했습니다. 하지만 2021년 바이든 정권이 들어서면서 중국은 약속한 금액의 80% 정도만 이행한 채로 합의는 흐지부지 되었습니다. 이에 트럼프 2기에는 더욱 강력한 합의가 이루어질 것으로 예상되며 이로 인해 미국 농가는 큰 수혜를 받을 것으로 전망할 수 있습니다.

미-중 무역 갈등의 합의가 간절한 디어 앤드 컴퍼니

앞에서 설명한 바와 같이 미국 농가가 활성화되면 비료 사용량과 농기계 교체 수요 증가가 뒤따르게 됩니다. 그런 전망하에서 디어 앤드 컴퍼니(Deere & Company)를 주목할 필요가 있습니다. 이 기업은 전 세계적인 농기계 제조 기업으로 트랙터, 수확기, 파종기 등 다양한 농기계를 취급하고 있습니다. 트럼프 1기 당시 300% 가까운 주가 상승률을 기록한 후 박스권에서 횡보를 이어왔지만 2024년 대선에서 트럼프 당선 후 박스권 상단을 돌파하는 모습을 보이며 기대감이 반영되고 있는 상황입니다.

2024년 4분기 매출은 전년 동기 대비 28% 감소했고, 순이익도 전년 동기 대비 45% 감소한 탓에 디어 앤드 컴퍼니의 경영진은 2025년 순이익 전망을 50~55억 달러로 예상했는데, 이는 시장의 예상치인 58억 달러를 하회하는 낮은 숫자입니다. 지난 4년간 농가 현황과 농기계 교체 주기를 기반으로 상당히 보수적인 숫자를 제시했다고 볼 수 있습니다.

이와 같이 실적이 저조할 것이란 우려가 있음에도 불구하고 해당 기업에 주목하는 첫 번째 이유는 거시환경의 개선에 있습니다. 앞에서 설명했듯이 트럼프 2기 미국 농업부문은 보조금 지급 등의 직접적인 수혜와 더불어 미-중 무역 갈등 부분 합의로 이어질 수출 확대 등의 간접적인 수혜로 거시환경이 크게 개선될 것으로 보여집니다. 두 번째는 즉각적인 실적 개선입니다. 이와 같은 거시환경 개선으로 농가의 상황이 나아지면 우선적으로 그동안 교체하지 못한 농기계에 대한 교체 수요가 살아날 것이기 때문에 해당 기업의 실적이 빠르게 개선될 가능성이 크다고 할 수 있습니다. 세 번째는 경영진의 지나치게 보수적인 전망치입니다. 경영진은 트럼프 2기에 예상되는 우호적인 정책을 기반으로 2025년 전망을 제시할 수 없습니다. 이는 객관적이라고 볼 수 없는 숫

표 7 디어 앤드 컴퍼니의 주요 지표(2025년 3월 21일 기준)

디어 앤드 컴퍼니(DE.US)			
52주 신고가/신저가	515.05/340.20달러	상장 시장	뉴욕
PER(주가수익비율)	20.62	ROE(자기자본비율)	27.74%
PBR(주가순자산비율)	5.62	EBITDA(상각 전 영업이익)	100.8억 달러
EPS(주당순이익)	22.57달러	배당률	1.39%

출처: 블룸버그

자이기 때문입니다. 이에 과거, 즉 바이든 정부 때의 기조를 기반으로 전망치를 제시했을 가능성이 높습니다. 향후 농가의 상황이 나아지기 시작하면 전망치도 급속히 조정될 것이고, 이는 주가 상승으로 이어질 가능성이 높습니다.

│ 트럼프 2기에 주목할 만한 농업 ETF

트럼프 2기에 주목받을 농업부문 관련 ETF는 미국에 5개 정도가 상장되어 있습니다. 그중 섹터를 반영하는 정도, 시가총액, 거래대금 등을 기반으로 VanEck Vectors Agribusiness ETF(MOO)가 가장 좋은 선택사항이 될 것으로 전망합니다. MOO의 경우 수수료가 가장 낮은 편은 아니지만 디어 앤드 컴퍼니를 7.98%로 많이 보유하고 있으며 글로벌 규모의 비료와 종자를 생산하는 코르테바(Corteva)와 뉴트리엔(Nutrien)도 각각 7.26%, 5.89%로 높은 비중으로 보유하고 있어 해당 분야에서 성장이 주목되는 기업을 고루 포함하고 있습니다.

표 8 농업을 대표하는 글로벌 ETF 및 상위 보유 종목(2025년 3월 21일 기준)

VanEck Agribusiness ETF(MOO.US)			
운용사	VanEck	PER(주가수익비율)	14.49
AUM(운용자산규모)	5.7억 달러	테마	Agriculture
평균거래대금	4,494,768억 달러	투자지역	글로벌
수수료	0.53%	배당률	3.40%

상위 보유 종목	
종목명(코드)	비중(%)
Zoetis, Inc. Class A(ZTS)	8
Deere & Company(DE)	7.98
Corteva Inc(CTVA)	7.26
Bayer AG(BAYN)	6.21
Nutrien Ltd.(NTR)	5.89
Archer-Daniels-Midland Company(ADM)	5.53
Tyson Foods, Inc. Class A(TSN)	5.08
Kubota Corporation(6326)	4.19
CF Industries Holdings, Inc.(CF)	3.82
Mowi ASA(MOWI)	3.11
Bunge Global SA(BG)	2.75

출처: 블룸버그

Drill, Baby, Drill !![10]
(시추하라, 계속 시추하라)

트럼프 대통령은 선거 과정에서 미국을 에너지 강국으로 만들고자 하는 의지를 명확히 드러냈습니다. 기본적으로 미국 내 충분한 석유가 매장되어 있는데, 굳이 비싼 값을 지불하고 수입할 필요가 없다는 사업가적인 접근법을 가지고 있는 것이죠. 그런 까닭에 그린 에너지를 주창하는 것보다 임기 내 도움이 될 수 있는 전통 에너지 시추를 내세우고 이를 실천에 옮기고 있습니다. 그렇다면 트럼프 대통령은 왜 석유산업의 부흥을 주창하는 것일까요? 이는 바로 인플레이션을 낮추기 위해서입니다. 2024년 대선에서 민주당의 카멀라 해리스 부통령이 당선되지 못한 가장 큰 이유 역시 바이든 정권 내내 일반 시민들의 삶에 영

---

10 2008년 미국 공화당 전당대회에서 처음 등장한 구호로 도널드 트럼프 대통령이 에너지 정책을 얘기할 때 자주 언급한 구호다. 우리나라 말로 표현하자면 "시추하라! 계속 시추하라" 정도로 해석할 수 있는데, 미국 내에 매장된 광활한 양의 자원을 개발하자는 독려 메시지라고 할 수 있다.

향을 미친 높은 인플레이션이었습니다. 이에 트럼프 대통령은 취임과 동시에 석유 및 셰일오일 시추를 늘려 에너지 가격을 낮추려고 하는 것입니다.

에너지 가격은 미국 물가에 상당히 중요한 요소 중 하나입니다. 미국 소비자물가지수(CPI)[11]에서 에너지가 차지하는 비중이 약 7~8% 수준에 이르러 작은 변동만으로도 물가 상승 요인으로 작용할 수 있습니다. 반대로 에너지 가격을 낮추면 명목 인플레이션이 크게 낮아지는 효과를 볼 수 있는데, 트럼프 대통령에게 이보다 더 좋은 자랑거리는 없을 것입니다.

이에 트럼프 대통령은 바이든 정권에서 이어온 그린 뉴딜 정책을 전면 개조할 것을 공약으로 내세웠습니다. 바이든 정권이 야심차게 추진한 인플레이션 감축법의 미사용 자금을 철회하고 새로운 규제를 채택할 때마다 기존 규제 10개를 철폐하겠다고 주장하는 만큼 석유 및 셰일오일 등 전통 에너지 산업에 보조금 지급 등을 확대할 것은 명확합니다.

미국의 전통 에너지 산업 중 가장 중요한 것은 단연 셰일오일입니다. 2011년 미국은 전 세계 최대 셰일오일 생산국으로 부상했습니다. 이러한 셰일오일 산업의 발전에 있어 중요한 요소로는 기술의 발전, 풍부한 물, 낮은 금리 환경 및 지속적인 투자를 꼽을 수 있습니다.

인류가 셰일오일을 처음 발견한 것은 1800년대로 사실 굉장히 오래

---

11 Consumer Price Index의 줄임말로 소비자가 구입하는 상품이나 서비스 가격 변동을 나타내는 소비자물가지수다. CPI는 크게 주거비(32~33%), 교통비(16~17%), 식품(13~14%), 의료(8~9%), 에너지(7~8%), 의류(3~4%), 기타 상품 및 서비스(3~4%)로 나눠지는데, 변동성이 높은 식품과 에너지를 제외한 지수를 근원 CPI라고 한다.

된 일입니다. 다만 셰일오일은 암석 내에 광범위하게 스며 있는 가스이기 때문에 기술적으로 채굴하려면 채산성이 맞지 않았습니다. 그러다 2000년대에 들어서 비로소 기술의 발전이 이루어지기 시작해 현재는 미국이 셰일오일 채굴에 있어 전 세계 1위라고 할 수 있습니다.

석유 등 전통적인 유전은 한번 채굴이 끝나면 다시 사용이 힘든데 반해 셰일오일은 기술의 발전으로 이미 채굴이 끝난 유전에서도 추가 채굴이 가능해 채산성이 지속적으로 개선되고 있습니다. 그에 반해 물을 이용한 시추법을 사용해야 하기 때문에 물 자원이 부족한 중국에서는 엄청난 양이 매장되어 있음에도 불구하고 채굴이 어려운 상황입니다.

미국의 셰일오일 산업 발전은 낮은 금리 환경과 지속적인 투자도 영향을 미쳤다고 할 수 있습니다. 이 두 요소는 역상관관계를 이루고 있는데, 금리가 높아지면 자연스레 투자가 감소하고 금리가 낮아지면 투자는 증가합니다. 바이든 정권 때를 생각해보면 그린 에너지 정책으로 셰일오일 산업에 대한 보조금 등이 감소하면서 산업 환경이 전반적으로 좋지 않았는데, 금리까지 높아지면서 투자도 감소하게 되어 셰일오일 산업은 이중고를 겪었습니다.

앞에서 설명한 기술 및 자원의 뒷받침과 정부의 정책 변화, 그리고 금리인하 환경으로 인한 투자까지 이어진다면 그동안 짓눌려 있던 미국의 셰일오일 산업은 큰 폭의 성장세를 보일 가능성이 있습니다.

트럼프 대통령은 미국의 에너지 자립을 넘어서 수출을 지금보다 더 확대하려는 노력을 꾸준히 하고 있으며, 정권 2기에도 그 노력은 이어질 것으로 보입니다. 사실 지정학적인 상황으로 봐도 유럽은 미국으로

그림 3 러시아의 PNG 유럽 수출 현황

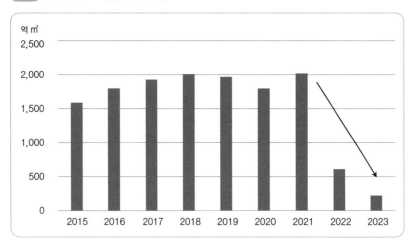

출처: 국제에너지기구

부터 수입을 확대할 수밖에 없습니다. 2022년 러시아-우크라이나 전쟁 시작 이후로 유럽의 많은 국가들이 러시아로부터 등을 돌렸지만 사실 천연가스 수입만은 완전히 끊을 수 없는 상황이었습니다. 이에 러시아의 유럽 수출량이 60% 이상 감소하기도 했습니다. 이제 러시아와의 계약 만료가 도래하는 곳들도 계약 연장보다는 미국과 같은 우방국으로부터 천연가스를 수입하고자 할 것입니다.

사실 유럽은 러시아로부터 천연가스를 수입하는 것이 가장 저렴한데, 이는 지리적으로 붙어 있어 파이프라인을 통한 PNG(Pipeline Natural Gas)[12] 형태의 천연가스 수입이 가능하기 때문입니다. 하지만 미국으로

---

12 배관을 통해 천연가스를 기체 상태 그대로 운반하는 방법인데, 출토된 천연가스를 어떤 공정도 거치지 않고 바로 사용처까지 운반하는 방법으로 운반비용이 거의 소요되지 않는다는 장점이 있다. 다만 가스관 설치의 초기 비용이 상당히 높다는 단점을 안고 있다.

부터 천연가스를 수입하려면 배를 이용해야 하기 때문에 LNG(Liquefied Natural Gas)[13] 형태의 수입만이 가능합니다. 단순하게 생각해봐도 배를 타고 바다를 건너와야 하니 생산비용이 올라가는 것은 당연합니다. 게다가 기체 상태인 천연가스를 냉각 후 수입해서 다시 기체 상태로 변형하는 과정이 필요하기 때문에 비용은 추가될 수밖에 없죠. 또한 기체-고체 변형 시설을 짓는 데에도 상당한 시간이 소요되기 때문에 기존 LNG 수출 시설을 보유하고 있는 기업들이 큰 수혜를 받을 가능성이 높습니다.

미국의 에너지 수출을 주도할 기업
셰니어 에너지

에너지 관련 섹터에서 주목해볼 기업인 셰니어 에너지(Cheniere Energy)는 미국 최대 LNG 생산 및 운송업체입니다. 해당 기업은 미국에서 LNG 수출을 가장 많이 하는 기업으로 손꼽히며 LNG 시장에서 확고한 입지를 다지고 있어 트럼프 2기 에너지 정책의 수혜를 크게 받을 것으로 예상됩니다.

셰니어 에너지는 미국 루이지애나주와 텍사스주에 각각 사빈 패스(Sabine Pass)와 코퍼스 크리스트(Corpus Christ) 2개의 수출 터미널을 운영하고 있는데다 미국 전체 LNG 수출의 약 50%를 담당하고 있습니다. 또한 해당 기업은 최근 글로벌 에너지 기업들과의 장기 공급 계약 건수

---

13   천연가스의 주성분인 메탄을 영하 162℃의 초저온에서 냉각해 만드는 방법으로 이와 같이 액화시키게 되면 부피가 1/600로 줄어 수송과 저장이 편리하다는 장점이 있다.

가 증가하고 있습니다. 장기 공급 계약은 향후 천연가스 가격 및 수요의 변동 리스크를 상쇄시켜주고 안정적인 수익을 창출할 수 있도록 하는 아주 중요한 요소입니다.

마지막으로 셰니어 에너지가 주목받는 가장 중요한 이유는 전 세계 LNG 수요가 안정적으로 증가하고 있다는 점입니다. 2024년 전 세계 LNG 수입량은 약 4억 7천만 톤으로 2023년 대비 4~5% 증가했습니다. 또한 2030년까지 안정적으로 연평균 약 3.5% 증가할 것으로 보이는데, 이는 앞서 설명한 유럽의 러시아 수입 대체 급증과 더불어 아시아에서도 수요가 꾸준히 증가하고 있기 때문입니다.

천연가스가 그린 에너지 전환의 교두보 역할을 하고 있습니다. 천연가스는 석탄 대비 약 50% 적은 탄소를 배출하기 때문에 그린 에너지 전환 과정에서 수요가 증가하고 있습니다. 이와 같이 셰니어 에너지는 전 세계 LNG 수요가 꾸준히 증가하는 상황에서 수혜를 받고 있으며, 트럼프 2기의 정책 수혜까지 받을 수 있기에 향후 4년간 우리가 주목해볼 만한 기업입니다.

표 9 셰니어 에너지의 주요 지표(2025년 3월 21일 기준)

셰니어 에너지(LNG.US)			
52주 신고가/신저가	257.62/152.88달러	상장 시장	뉴욕
PER(주가수익비율)	15.92	ROE(자기자본비율)	47%
PBR(주가순자산비율)	8.88	EBITDA(상각 전 영업이익)	73.1억 달러
EPS(주당순이익)	14.21달러	배당률	0.88%

출처: 블룸버그

| 트럼프 2기에 주목할 만한 에너지 ETF

에너지 섹터를 추종하는 ETF 중 섹터를 반영하는 대표성, 시가총액, 거래대금 및 섹터 분산도를 기반으로 2개의 ETF를 선정해 정리해봤습니다. 투자자들 사이에서 가장 광범위하게 알려져 있는 ETF와 천연가스 관련 비중이 높은 ETF를 중심으로 살펴보겠습니다.

표10 에너지 섹터를 대표하는 미국 ETF 및 상위 보유 종목(2025년 3월 21일 기준)

The Energy Select Sector SPDR Fund(XLE.US)			
운용사	State Street	PER(주가수익비율)	13.75
AUM(운용자산규모)	330.8억 달러	테마	Energy
평균거래대금	1,241,223,000달러	투자지역	미국
수수료	0.09%	배당률	3.42%

상위 보유 종목	
종목명(코드)	비중(%)
Exxon Mobil Corporation(XLE)	23.28
Chevron Corporation(CVX)	16.1
ConocoPhillips(COP)	7.58
Williams Companies(WMB)	4.45
EOG Resources(EOG)	4.3
ONEOK, Inc.(OKE)	4.07
Schlumberger Limited(SLB)	3.92
Kinder Morgan(KMI)	3.63
Phillips 66(PSX)	3.43
Marathon Petroleum Corporation(MPC)	3.1
Hess Corporation(HES)	2.92

출처: 블룸버그

표 11 천연가스 비중이 높은 미국 ETF 및 상위 보유 종목(2025년 3월 21일 기준)

Tortoise North American Pipeline Fund(TPYP.US)			
운용사	Tortoise	PER(주가수익율)	21.39
AUM(운용자산규모)	7.59억 달러	테마	Energy
평균거래대금	2,232,048달러	투자지역	북미
수수료	0.40%	배당률	3.79%

상위 보유 종목	
종목명(코드)	비중(%)
Kinder Morga(KMI)	7.65
ONEOK, Inc.(OKE)	7.63
Williams Companies(WMB)	7.58
Enbridge Inc.(ENB)	7.49
TC Energy Corporation(TRP)	7.24
Cheniere Energy, Inc.(LNG)	7.20
Targa Resources Corp.(TRGP)	4.08
Pembina Pipeline Corporation(PPL)	3.94
Enterprise Products Partners L.P.(EPD)	3.94
Atmos Energy Corp.(ATO)	3.93
Energy Transfer LP(ET)	3.93

출처: 블룸버그

장벽 세우고
돈을 쏟아붓겠다

트럼프 2기에는 인프라 관련 산업과 종목들의 수혜가 예상됩니다. 그에 따른 첫 번째 굵직한 수혜는 바로 국경 강화를 위한 장벽 건설에서 올 텐데요. 실제로 트럼프 1기 당시 약 150억 달러 이상의 예산을 투입해 국경에 기존 장벽 보강과 신규 장벽 건설을 진행했습니다. 하지만 당시 민주당이 주도하고 있던 의회의 예산 통과라는 난관에 부딪혀 표류하게 되면서 35일간의 연방정부 셧다운[14]까지 발생하게 됩니다. 이에 트럼프 대통령은 2019년 2월 국가비상사태를 선포해 국방부 및 기타 부처의 예산을 전용해 기존 장벽 보강과 신규 장벽 건설을 진행했습니다. 이처럼 연방정부 셧다운과 국가비상사태를 선포할 정도로 트럼프

---

14 미국 의회가 예산안에 합의하지 못하거나 대통령이 이를 승인하지 않을 때, 연방정부의 일부 또는 전체 기관이 운영을 중단하는 상황을 의미한다. 의회에서 예산안 또는 임시 예산안을 통과시키고 대통령이 이를 승인하면 셧다운은 종료된다.

그림 4 멕시코와의 국경에 설치된 장벽

출처: www.nytimes.com/2020/06/26/us/politics/trump-border-wall.html

대통령은 관련 정책에 진심이었습니다.

우여곡절 끝에 예산이 집행되기는 했지만 사실 당시 대부분의 작업은 기존 장벽의 재건이나 보강이었고, 신규 장벽 건설은 128km에 그쳤었습니다. 이와 같은 미완의 정책 이행으로 트럼프 2기 정부에서는 장벽 건설을 완공하겠다는 굳은 의지를 밝히고 있는 것입니다.

더불어 트럼프 2기에 굵직한 수혜를 입게 될 투자처 중에 대규모 인프라 관련 분야가 포함될 것으로 예상합니다. 과거부터 대규모 인프라 투자는 가장 손쉽고 빠른 일자리 창출의 수단이었습니다. 트럼프 대통령은 이번에도 도로, 교량, 철도 등 전통적인 인프라 개선과 현대화를 위해 투자할 것을 설파했습니다. 트럼프 1기에는 1조 5천억 달러 규모의 인프라 투자를 약속했는데 실제로는 투자 법안을 통과시키지 못하며 주 단위 기존 예산 활용에 그치는 경우가 대부분이었습니다. 또한 중간에 발생한 전 세계적인 팬데믹도 정책 시행 중단에 한몫 했습니다.

트럼프 1기 때는 국경 장벽 건설도 대규모 인프라 투자도 의회라는 허들을 넘지 못하며 요란한 빈 수레가 된 반면, 상하원 의회를 모두 장악한 이번 2기 때는 실질적인 투자로 이어질 가능성이 높다고 할 수 있습니다.

| 트럼프 2기 인프라 투자 관련 수혜 기업과 글로벌 ETF

인프라 투자와 관련해 수혜를 받을 것으로 예상할 수 있는 기업은 세계적인 중장비 제조 기업인 캐터필라(Caterpillar)와 미국 최대 건설용 골재 제조 기업인 벌컨 머티리얼즈(Vulcan Materials) 등을 꼽을 수 있습니다. 하지만 이들 기업들의 매출이 워낙 다양한 분야에서 발생하고 있어 매출에 100% 관련 수혜가 반영된다고 보기는 어렵습니다. 이와 같은 상황에서는 개별 기업의 투자보다는 전반적인 산업을 추종하는 ETF에 투자하는 것이 더욱 손쉽고 효과적입니다.

표 12 인프라 관련 글로벌 ETF 및 상위 보유 종목 1(2025년 3월 21일 기준)

iShares U.S. Infrastructure ETF(IFRA.US)			
운용사	BlackRock, Inc.	PER(주가수익비율)	27.06
AUM(자산운용규모)	21.8억 달러	테마	Infrastructure
평균거래대금	12,692,288달러	투자지역	미국
수수료	0.30%	배당률	1.75%

상위 보유 종목	
종목명(코드)	비중(%)
TXNM Energy, Inc.(TXNM)	0.85
DT Midstream, Inc(DTM)	0.83
ONEOK, Inc.(OKE)	0.83
Antero Midstream Corp.(AM)	0.83
Kinder Morgan Inc Class P(KMI)	0.82
NRG Energy(NRG)	0.82
Algonquin Power & Utilities(AQN)	0.82
Williams Companies(WMB)	0.82
PG&E Corporation(PCG)	0.81
Consolidated Edison(ED)	0.8
CenterPoint Energy(CNP)	0.8

출처: 블룸버그

표 13 인프라 관련 글로벌 ETF 및 상위 보유 종목 2(2025년 3월 21일 기준)

Global X U.S. Infrastructure Development ETF(PAVE.US)			
운용사	Mirae Asset Global	PER(주가수익비율)	23.75
AUM(자산운용규모)	79.3억 달러	테마	Infrastructure
평균거래대금	52,793,000달러	투자지역	미국
수수료	0.47%	배당률	0.57%

상위 보유 종목	
종목명(코드)	비중(%)
Howmet Aerospace(HWM)	3.53
Fastenal Company(FAST)	3.51
Deere & Company(DE)	3.44
Union Pacific Corporation(UNP)	3.24
Parker-Hannifin Corp.(PH)	3.14
Norfolk Southern Corporation(NSC)	3.13
CRH public limited(CRH)	3.12
CSX Corporation(CSX)	3.03
Trane Technologies plc(TT)	2.95
Emerson Electric Co.(EMR)	2.91
Sempra(SRE)	2.88

출처: 블룸버그

AI도 뒤처지지 않는다, 에퀴닉스&디지털 리얼티 트러스트

최근 몇 년은 AI의 시대였다고 할 수 있을 정도로 관련 기업들의 주가가 큰 폭으로 상승했습니다. 이에 트럼프 대통령도 2024년 선거 유세 당시 AI 관련 발언을 많이 쏟아냈는데요. 그중 가장 대표적인 것이 데이터센터 건설 활성화 등 AI 인프라 수요 확대입니다.

데이터센터는 AI 시대에 있어 그야말로 필수라고 할 수 있습니다. AI 시스템은 막대한 데이터를 처리하고 학습해야 하기 때문에 빅데이터 저장과 실시간 분석이 필요합니다. 데이터센터는 이와 같은 데이터 저장과 처리를 가능하게 할 뿐 아니라 전력 효율성과 보안까지 제공하고 있어 반드시 수반되는 인프라입니다.

데이터센터 건립에는 넓은 부지, 엄청난 전력 및 반도체가 필요합니다. 그동안 엔비디아 같은 GPU 생산 기업이 데이터센터 건립의 수혜를 톡톡히 받았다고 할 수 있는데요. 이에 트럼프 대통령도 향후 AI 산업에 대한 규제를 완화하고 데이터센터 인프라 구축을 지원하겠다는 의지를 표명하고 있습니다.

트럼프 2기에 데이터센터 건설을 독려하면 구축 수요가 급증할 것으로 예상되는데, 이로 인해 다음의 두 기업이 대표적으로 수혜를 받을 것으로 전망됩니다. 하나는 글로벌 데이터센터 운용의 선두주자로 AI 인프라 확장을 통한 수혜를 예상하는 에퀴닉스(Equinix)이며, 또 다른 기업은 데이터센터 관련 대표 리츠(REITs) 기업으로 AI와 클라우드 컴퓨팅 인프라 수요 증가에 따른 수혜가 예상되는 디지털 리얼티 트러스

에퀴닉스(EQIX,US)			
52주 신고가/신저가	994.03/684.14달러	상장 시장	나스닥
PER(주가수익비율)	94.36	ROE(자기자본비율)	6.25%
PBR(주가순자산비율)	5.78	EBITDA(상각 전 영업이익)	36.2억 달러
EPS(주당순이익)	8.51달러	배당률	2.34%

출처: 블룸버그

트(Digital Realty Trust)입니다.

에퀴닉스는 AI 산업의 발전으로 양호한 실적 증가 및 안정적인 재무 상태를 기반으로 꾸준히 주가가 우상향하고 있습니다. 2024년 3분기에는 전년 동기 대비 7% 증가한 22억 100만 달러의 매출을 달성했는데, 북미 지역과 아시아·태평양 지역의 신규 데이터센터 건설과 수요 증가로 인한 결과였습니다. 또한 2024년 12월에는 델 테크놀로지스(Dell Technologies)와 협력해 AI 인프라 지원 솔루션을 발표하는 등 기업들의 워크로드 클라우드 전환에 발빠르게 대처하는 모습을 보이며 투자자들의 기대감을 높여주고 있습니다.

데이터센터 인프라 구축 이슈로 주목받고 있는 또 다른 기업인 디지털 리얼티 트러스트는 전 세계 300개 이상의 데이터센터를 운영하고 있으며, 글로벌 IT 기업, 클라우드 제공 기업, 통신사 등을 고객으로 두고 있습니다. 대표적인 고객은 아마존, 구글, 마이크로소프트, IBM 등으로 상당히 안정적인 고객층을 확보하고 있습니다. 또한 평균 임대 기간이 5~10년으로 경쟁사 대비 장기이며, 연간 계약 갱신율도 85% 이상을 기록하고 있습니다. 해당 기업은 데이터센터를 기반으로 한 리츠를 운영하고 있어 트럼프 2기 AI에 대한 수혜를 입을 뿐 아니라, 안정적이고 높은 배당을 지급하고 있어 안정성과 수익성이라는 두 마리 토끼를 한번에 잡을 수 있는 좋은 투자 수단이 될 것으로 예상합니다.

표 15 디지털 리얼티 트러스트의 주요 지표(2025년 3월 21일 기준)

디지털 리얼티 트러스트(DLR.US)			
52주 신고가/신저가	198/135.54달러	상장 시장	뉴욕
PER(주가수익비율)	88.26	ROE(자기자본비율)	2.66%
PBR(주가순자산비율)	2.32	세전 수익	24.1억 달러
EPS(주당순이익)	1.61달러	배당률	3.43%

출처: 블룸버그

지나치게 높은 약값을 낮춰라

    흔히 미국에서는 돈이 없으면 아파도 치료를 받을 수 없어 죽는다는 말을 많이 하곤 합니다. 실제로 한 흑인 소년이 충치 치료를 받지 못해 결국 사망에 이르렀다는 것을 뉴스에서 보고는 충격을 금치 못한 적이 있는데요. 미국은 그 정도로 의료비가 높은 국가입니다. 트럼프 대통령도 미국 내 약값이 지나치게 높다는 인식을 갖고 있으며, 이를 해결하기 위해 2기 정부에서는 약값 인하 정책을 적극적으로 추진할 것으로 예상됩니다. 대개 약값을 인하하기 위해 가장 손쉽게 활용할 수 있는 방법 중 하나는 바이오시밀러[15]와 제네릭[16] 의약품의 사용 장려입니다.

---

15   특허가 만료된 생물의약품(바이오 의약품, originator biologics)과 유사하게 개발된 의약품으로 화학합성 의약품의 복제약인 제네릭 의약품과 비슷한 개념이지만, 바이오 의약품의 복잡한 구조와 제조 과정을 고려해 더 까다로운 기준을 충족해야 한다.
16   특허가 만료된 오리지널 의약품을 복제하여 만든 의약품으로 복제약 또는 복합제제로도 불리며, 오리지널 의약품과 활성 성분, 효능, 안전성, 용법 등이 동일해 좀 더 저렴한 가격으로 제공할 수 있다.

이에 트럼프 2기에는 해당 분야에 강점을 갖고 있는 기업들이 큰 수혜를 받을 것으로 전망할 수 있습니다.

현재 미국 내 의약품의 대부분은 해외에서 수입하고 있습니다. 특히 무역 갈등으로 사이가 좋지 않은 중국에 대한 의존도도 상당히 높은 상황인데요. 실제로 코로나19 팬데믹으로 인한 전 세계 공급망 차질 발생 후 미국은 모르핀, ADHD 치료제 등 120여 개 의약품에 대한 공급 차질을 겪은 바 있습니다.

원료 의약품의 경우 80%가 해외에서 수입되고 있는데 이들 상당 부분이 중국과 인도입니다. 항생제는 무려 90%가 중국에서 공급되고 있는 상황이며, 비타민 B시리즈 일부와 비타민 C는 75%가 중국에서 공급되고 있는 현실입니다. 이에 트럼프 2기에는 자국 우선주의를 내세워 해외 기업들의 자국 내 생산 및 자국 제약 산업에 대해 장려할 것으로 보입니다. 이러한 전망 아래 트럼프 2기 도래와 함께 주목받게 될 것으로 예상되는 기업이 바로 세계 최대 제네릭 의약품 제조사인 테바 파마슈티컬(Teva Pharmaceutical)과 미국 내 대규모 생산시설을 보유하고 있는 화이자(Pfizer)입니다.

세계 최대 제네릭 의약품 제조사
테바 파마슈티컬

테바 파마슈티컬은 제네릭 의약품과 자체 의약품의 매출 증가로 꾸준히 양호한 실적을 달성하고 있으며, 바이오시밀러 제품 출시도 추가적으로 계획하고 있어 다양한 분야로 사업을 확장하고 있습니다. 특히

표 16 **테바 파마슈티컬의 주요 지표**(2025년 3월 21일 기준)

테바 파마슈티컬(TEVA.US)			
52주 신고가/신저가	22.80/12.51달러	상장 시장	뉴욕
PER(주가수익비율)	8.64	ROE(자기자본비율)	−28.30%
PBR(주가순자산비율)	−	EBITDA(상각 전 영업이익)	44.3억 달러
EPS(주당순이익) 예상치	−1.45달러	배당률	−

출처: 블룸버그

제네릭 의약품의 매출 성장이 뛰어났는데, 레블리미드(Revlimid, 다발성 골수종 치료제)와 빅토자(Victoza, 당뇨병 치료제)의 제네릭 버전 출시로 인해 2024년 3분기 현재 제네릭 분야에서만 약 16% 증가한 10억 2천만 달러의 매출을 기록했습니다. 또한 2027년까지 바이오시밀러를 포함한 6개의 신제품이 출시될 예정이라 투자자들의 기대가 높아진 상황입니다. 트럼프 2기의 정책 기대치를 제하고도 본질적인 성장을 하고 있는 기업으로 정책 수혜까지 입을 경우 큰 상승 여력이 있다고 할 수 있습니다.

미국 내 거대 생산시설 보유로
수혜를 입을 화이자

화이자는 많은 사람들에게 코로나19 백신 출시 제약사로 익숙해져 있지만, 이미 우리 생활에 친숙해져 있는 기업으로 백신, 항암제, 염증 치료제, 희귀질환 치료제 등에 강점을 갖고 있습니다. 우리가 약을 복용할 때 제약사를 잘 확인하지 않기 때문에 익숙하지 않을 뿐이지 화이자의 대표 약품이 비아그라인 것만 봐도 많은 사람에게 잘 알려져 있다 할 수 있습니다. 이러한 화이자는 미국 내 대규모 생산시설을 갖추고 있어 트럼프 2기에 예상되는 자국 내 생산 확대 관련 수혜를 볼 가능성이 상당히 높을 것으로 전망됩니다.

코로나19 백신 출시 당시 유례없던 빠른 백신 개발로 주가가 급등하며 사상 최고가를 경신했지만 그 후 백신에 대한 과도한 기대감이 약해지고 많은 약품들의 특허가 만료되면서 최근 부진한 주가 흐름을 보였습니다. 하지만 향후 꾸준한 새 의약품 개발로 만료된 특허 의약품을 대체하고, 연간 30억 달러 이상의 비용 절감을 발표하는 등 매출과 수익성 개선이 이어질 것으로 보입니다. 게다가 트럼프 2기의 정책적인 수혜까지 더해지면 실적이 안정적으로 성장하면서 주가 상승을 견인할 것으로 예상할 수 있습니다.

표17 화이자의 주요 지표(2025년 3월 21일 기준)

화이자(PFE.US)			
52주 신고가/신저가	31.54/24.48달러	상장 시장	뉴욕
PER(주가수익비율)	17.88	ROE(자기자본비율)	9.06%
PBR(주가순자산비율)	1.62	EBITDA(상각 전 영업이익)	233억 달러
EPS(주당순이익)	1.841달러	배당률	6.82%

출처: 블룸버그

개인소득세 철폐 등
트럼프의 금융 규제 완화가 시작되다

트럼프 대통령은 1기에도 법인세율을 기존 35%에서 21%로 대폭 인하한 바 있는데, 2기에는 여기에 15%까지 추가 인하 계획을 밝혔습니다. 이는 자연스럽게 기업들의 수익 증가와 전반적인 주가 상승으로 이어질 수 있습니다. 일각에서는 법인세율 인하로 S&P500 지수의 수익률이 약 4% 높아질 수 있다고 전망하기도 합니다.

또한 1기 때 개인소득세율도 구간별로 2~3%p씩 인하했는데, 2기에는 소득세를 폐지하고 재원을 관세로 대체하겠다는 공약까지 내세웠습니다. 물론 폐지는 실질적으로 불가능하겠지만, 1기와 마찬가지로 감세는 가능할 것으로 예상되는 상황이라 이에 따른 다양한 분야의 수혜가 기대됩니다. 그중 크게 영향을 받을 수 있는 한 분야가 미국의 부동산 산업입니다. 부동산 산업은 워낙 금리와 밀접한 연관이 있어 그동안 미국의 금리인상 기조에 영향을 많이 받았습니다. 하지만 트럼프 2기에 들어 감세와 금리인하 기조가 맞물리면서 상당한 수혜를 받을 것으로 기대할 수 있습니다.

감세 정책에 따른 주택 수요 증가로 수혜가 기대되는 D.R. 홀튼

D.R. 홀튼(D.R. Horton)은 1978년 설립된 미국 최대 주택 건설사입니다. 미국 전역 33개 주에서 주택 건설 및 판매를 하고 있으며, 주택 건설, 부동산 개발, 모기지 금융을 포함한 주택 사업 내 통합 서비스를 제공하고 있습니다. 특히 중저가 단독주택시장에서 강한 입지를 확보하고 있습니다.

D.R. 홀튼은 이미 미국 내 신규 주택 수요 증가의 수혜를 받고 있습니다. 트럼프 2기 감세 정책과 함께 저금리 기조가 유지되어 주택 수요가 반등할 경우 해당 기업은 큰 폭의 주가 상승이 가능할 것으로 예상됩니다.

표18 D.R 호튼의 주요 지표(2025년 3월 21일 기준)

D.R. 호튼(DHI.US)			
52주 신고가/신저가	199.85/124.23달러	상장 시장	뉴욕
PER(주가수익비율)	8.91	ROE(자기자본비율)	19.17%
PBR(주가순자산비율)	1.59	EBITDA(상각 전 영업이익)	60.7억 달러
EPS(주당순이익)	14.14달러	배당률	1.27%

출처: 블룸버그

표 19 주택 건설 관련 미국 ETF 및 상위 보유 종목(2025년 3월 21일 기준)

iShares U.S. Home Construction ETF(ITB.US)			
운용사	BlackRock, Inc.	PER(주가수익비율)	11.77%
AUM(자산운용규모)	24.7억 달러	테마	Housing
평균거래대금	185,004,000 달러	투자지역	미국
수수료	0.39%	배당률	0.46%

상위 보유 종목	
종목명(코드)	비중(%)
D.R. Horton, Inc.(DHI)	13.89
Lennar Corporation Class A(LEN)	10.34
NVR, Inc.(NVR)	8.35
PulteGroup, Inc.(PHM)	8.01
Lowe's Companies, Inc.(LOW)	4.57
Home Depot, Inc.(HD)	4.49
Sherwin-Williams Company(SHW)	4.44
Toll Brothers, Inc.(TOL)	4.08
TopBuild Corp.(BLD)	3.48
Lennox International Inc.(LII)	2.82
Taylor Morrison Home(TMHC)	2.41

출처: 블룸버그

금융 규제 완화에 따라 가파르게 성장할
JP 모건&블랙록

트럼프 2기에는 금융시장 친화적인 정책이 많이 시행될 것으로 예상되는데, 이는 총 4가지의 큰 틀, 즉 금융 규제 완화, 저금리, 자본시장 활성화, 디지털 자산과 핀테크로 나눠 살펴볼 수 있습니다.

먼저 금융 규제 완화 측면에서 보면, 트럼프 대통령은 1기 때 도드-프랭크 규제(Dodd-Frank Act)[17]를 완화해 중소은행과 지역은행의 부담을 줄이는 법안을 도입한 적이 있습니다. 2기에서도 이와 유사한 추가 규제 완화가 이루어질 가능성이 상당히 높습니다. 또한 볼커룰(Volcker Rule)[18]을 점검해 은행의 위험 투자 제한을 완화하거나 폐지함으로써 투자은행과 상업은행의 유동성을 확대할 가능성이 높습니다.

금리 측면에서 트럼프 대통령은 항상 저금리 환경을 선호했고 저금리 정책을 지지해왔습니다. 이에 2기에서도 저금리를 유도해 경제 성장과 주식시장 활성화를 꾀하려는 정책이 시행될 가능성이 농후합니다. 자본시장 활성화 방면에서는 기업공개 과정을 간소화하거나 비용을 낮추는 방안을 도입해 기업공개 활성화를 꾀할 가능성이 높고, 디지털 자산과 핀테크 관련해서는 암호화폐 및 블록체인 기술에 대한 명확한 규제 틀을 마련해 산업 성장을 지원하고 제도권으로 끌어오려는 노

17　2008년 글로벌 금융위기의 재발을 방지하고 금융 시스템의 투명성과 안정성을 강화하기 위해 2010년 미국에서 제정된 금융 규제 법안으로 상원의 크리스 도드(Chris Dodd)와 하원의 바니 프랭크(Barney Frank)가 주도적으로 입법에 참여했다. 주로 대형 금융기관 및 파생상품시장에 대한 규제가 강화됐으며, 신용평가기관의 개혁이 이루어졌다.

18　2010년 제정된 도드-프랭크 규제의 핵심 조항 중 하나로, 상업은행이 고위험 투자 활동에 참여하지 못하도록 제한하는 규정이다. 이 규정은 금융 안정성을 높이고 고객 예금을 보호하기 위해 설계되었다.

력이 이어질 것으로 예상됩니다.

이러한 틀을 바탕으로 주목해볼 금융 관련 기업으로는 미국 최대 투자은행인 JP 모건(JP Morgan)과 전 세계 최대 자산운용사인 블랙록(BlackRock)을 들 수 있습니다.

JP 모건은 모르는 투자자가 거의 없을 정도로 우리에게 익숙한 기업인데요. 현재 시가총액 기준 세계 최대 규모의 종합 금융 기업일 뿐만 아니라 2025년 순이자이익도 기존 전망치인 870억 달러를 상회할 것으로 예상되며 기대치가 높아지고 있습니다.

JP 모건은 트럼프 2기 거의 모든 사업 분야에서 정책적 수혜를 받을 것으로 예상됩니다. 우선 감세 정책과 관련해 법인세 인하 시 기업의 투자 수요가 증가하면서 기업 금융과 M&A가 활발해질 가능성이 높습니다. 또한 증시에 신규 상장하는 수요가 증가하며 기업공개 주관 수익도 증가할 것입니다. 개인소득세 인하 관련해서도 가처분 소득이 증가하면 신용카드 사업 부문의 매출이 증가할 것이고, 금리인하까지 맞물린다면 개인의 대출 수요도 증가할 것으로 전망할 수 있습니다.

블랙록은 전 세계 최대 자산운용사로 우리에게는 iShares라는 브랜

표 20 JP 모건의 주요 지표(2025년 3월 21일 기준)

JP 모건(JPM.US)			
52주 신고가/신저가	280.25/179.2달러	상장 시장	뉴욕
PER(주가수익비율)	12.3	ROE(자기자본비율)	17%
PBR(주가순자산비율)	2.09	순이자마진	2.60%
EPS(주당순이익)	19.74달러	배당률	2.31%

출처: 블룸버그

드로 더 익숙합니다. iShares는 블랙록의 ETF 브랜드로 많은 한국 투자자들이 투자하는 S&P500 Core ETF인 IVV.US가 블랙록의 대표 ETF 중 하나입니다.

최근 몇 년간 전 세계적으로 ETF 투자시장이 급속하게 성장했는데, 여기에 블랙록이 가장 큰 수혜를 받고 있습니다. 또한 향후 감세와 규제 완화로 증시가 활성화될 경우 ETF에 대한 수요도 자연스레 커질 수밖에 없어 해당 기업은 큰 수혜를 받을 것으로 예상할 수 있습니다.

블랙록은 트럼프 2기의 단기적인 수혜를 차치하고라도 ETF뿐 아니라 전통적인 펀드시장에서도 가장 큰 입지를 확보하고 있어 시장을 선도할 것으로 전망합니다.

또한 블랙록은 최근 파나마 운하 주요 항구 2곳의 운영권을 중국의 허치슨으로부터 인수하기로 합의하면서 트럼프의 공약을 가장 빠르게 실현시킨 기업이 되었습니다. 아직 인수가 완전히 마무리된 것은 아니지만, 이와 같은 재빠른 움직임이 트럼프 대통령의 눈에 들지 않았을까 전망할 수 있습니다.

표 21 **블랙록의 주요 지표**(2025년 3월 21일 기준)

블랙록(BLK.US)			
52주 신고가/신저가	1084.22/745.55달러	상장 시장	뉴욕
PER(주가수익비율)	22.52	ROE(자기자본비율)	14.38%
PBR(주가순자산비율)	3.09	세전 이익률	40.10%
EPS(주당순이익)	42.03달러	배당률	2.20%

출처: 블룸버그

테슬라가 '기회'를 얻는데 왜 넷플릭스가 웃을까?
트럼프 '복심' 속 백인 농부를 왜 알아야 하나?
반보 앞서 시장을 읽는 실전 편!

권애리 SBS 기자

| Q | 테슬라가 자율주행차의 꿈에 한발 더 다가서면 왜 넷플릭스도 덩달아 수혜를 입게 될까요?

운전에서 해방된 탑승자가 차 안에서 시간 보낼 거리를 찾다 결국 넷플릭스에 접속하는 경우가 늘어날 테니까요!

| Q | 우주에서 9개월이나 발이 묶여 있던 NASA 비행사들을 지구로 돌려보낸 것도 스페이스X잖아요. 도대체 일론 머스크는 스페이스X를 언제 상장시키려는 걸까요?

스페이스X가 상장될 때까지 손 놓고 기다릴 순 없죠. 이럴 때는 '상장한 2등 기업'을 공부하면 됩니다. 바로 로켓랩이에요!

지금 진행되고 있는 AI 혁명은 결국 우리가 살아가는 방식 자체를 변화시킬 것이란 점에서 산업 지형에서 그 여파가 어디까지 미칠지 예단하기 어렵습니다. 다만 지금의 변화들이 가져올 연쇄적 움직임이 '화학반응'을 일으킬 지점들을 남보다 반보 앞서 제대로 파악해야 주식시장도 잘 헤쳐나갈 수 있다는 것만은 분명합니다. 엔비디아로 온통 돈이 몰릴 때, AI 개발 붐의 수혜를 무조건 거둘 수 있을 '동반 기업'들은-데이터센터 확충에 필수적인-전력 관련 기업들이라는 점을 반보 앞서 생각해낸 사람들이 짭짤한 성과를 거뒀듯이 말입니다.

앞에서 다루었던 내용이 본론이라면, 박상준 CMS증권 이사가 집필한 이번 파트는 실전입니다. 2025년은 AI 혁명의 연쇄 반응들이 계속해서 꽝꽝 터질 것이 예고됐을 뿐만 아니라 트럼프 2기라는 롤러코스터에 올라타 있습니다. 이 시기에 미국 증시에서 주목해야 할 산업군과 기업들을 이번 파트에서는 구체적으로 짚어봅니다. 한국 투자자들은 미국 증시에서 아무래도 주요 테크 기업에 온통 관심이 쏠려 있죠. 우리가 미국 기업들에 대해 접하는 정보가 대표적인 테크 기업들에 편향되어 있기도 합니다. 트럼프 2기의 도입부에서, 미국 증시 속 테크 기업들뿐 아니라 '테크 세상 바깥'의 기업들까지 두루 짚으며 우리가 늘 앞서 디뎌야 할 '반보의 간격'을 만들어주는 파트입니다. 특히 개별적으로 접근하기에는 위험 부담이 있는 기업들이나 산업군에 대해서 주요 ETF들을 고르게 소개하고 있다는 점이 반갑습니다.

이를테면 미국 중서부의 쇠락한 제조업 지대인 이른바 러스트 벨트를 주요 표밭으로 딛고 당선된 트럼프가 자동차에 관심이 많다는 건 모두 잘 알고 있는 사실이지만요. 백인 농부들도 공업도시 유권자들 못지 않은 트럼프의 핵심 지지자들이라는 점을 짚어주는 경우는 상대적으로 드물었습니다. 트럼프의 사람들이 관세 갈등의 끝자락에 슬며시 협상 테이블에 올려 놓을 심산인 '복심 품목' 중에서 농축산물은 상당한 비중을 차지합니다. 최근 미국이 우리나라에 대해 이른바 비관세 장벽들을 지적하면서, "한국, 30개월 이상 소고기도 수입해 가셔야지?"라고 목소리를 점점 더 키우고 있는 것만 봐도 알 수 있죠. 해당 파트는 '트럼프의 복심'에 일찌감치 주목하고, 미국 증시에서 주시해야 할 농업 관련 기업들과 ETF들을 친절하게 소개하고 있습니다. 풍력에너지 발전에는 개인적인 원한까지 있다는 트럼프식 에너지 해결법이나 반이민 장벽 추진 정책부터 트럼프판 헬스케어와 금융관에 이르기까지… '트럼프 2기 로드맵'을 두루 훑으며 이 시대에 투자와 지원이 몰릴 가능성이 큰 산업군과 기업들을 대표 ETF들과 함께 조목조목 엮어 놓았습니다. 주식 투자를 하지 않더라도, 트럼프 시대의 미국 산업 발전, 더 나아가 세계 경기의 흐름을 파악하기 위해서라도 잘 읽어둬야 할 부분입니다.

특히 'PART 3 변화의 중심에 있는 글로벌 주식시장'에서 한지영 키움증권 책임연구원이 2025년은 방위 산업에 대한 관심을 놓치지 말아야 할 시기라고 따로 조언하고 있죠. 그렇다면 도대체 그 관심을 구체적으로 어디에 두면 되는 건지, 남들도 다 아는 곳들뿐만 아니라 플러스 알파는 어디일지, 이번 파트에서 짚어주는 기업들과 ETF들을 훑어보면 대략적으로 감을 잡을 수 있을 것입니다. 앞선 본문에서 함께 공부한 글로벌 경제 전망을 구체적인 산업군과 기업, ETF를 통해 꼭꼭 씹어 삼켜 소화시키는 '실전' 편입니다.